W0041746

*Mary Keen*

# GÄRTEN IN
# ALLEN FARBEN

*Mary Keen*

# GÄRTEN IN ALLEN FARBEN

## Die schönsten Kombinationen
## in Blau, Rot, Gelb, Grün und Weiß

Illustrationen von Liz Pepperell

Die Deutsche Bibliothek –
CIP-Einheitsaufnahme

Gärten in allen Farben / Mary Keen.
[Ill.: Liz Pepperell; David Downtown]. –
München; Wien; Zürich: BLV, 1992
Einheitssacht.: Colour Your Garden <dt.>
ISBN 3-405-14333-0
NE: Keen, Mary; Pepperell, Liz; EST

BLV Verlagsgesellschaft mbH
München Wien Zürich
8000 München 40

Titel der englischen Originalausgabe:
Colour Your Garden. A Portfolio of Intensive
Planting Schemes.
Erschienen 1991 bei Conran Octopus Limited
37 Shelton Street, London WC2H 9HN

Text und Pflanzpläne: © 1991 Mary Keen

Gestaltung und Layout:
© Conran Octopus Limited 1991
Illustrationen: Liz Pepperell, David Downton

Deutschsprachige Ausgabe:
© 1992 BLV Verlagsgesellschaft mbH,
München

Das Werk einschließlich aller seiner Teile ist
urheberrechtlich geschützt. Jede Verwertung
außerhalb der engen Grenzen des Urheber-
rechtsgesetzes ist ohne Zustimmung des
Verlags unzulässig und strafbar. Das gilt
insbesondere für Vervielfältigungen,
Übersetzungen, Mikroverfilmungen und die
Einspeicherung und Verarbeitung in
elektronischen Systemen.

Übersetzung aus dem Englischen:
Bernadette Lemper
Lektorat: Katja Holler/Barbara Kiesewetter
Herstellung: Sylvia Hoffmann
Einbandgestaltung: Studio Schübel, München
Einbandfotos vorn: Brigitte Thomas
hinten: Jerry Harpur, Tania Midgley,
Andrew Lawson, Brigitte Thomas

Satz: Typodata, München

Printed in Hong Kong · ISBN 3-405-14333-0

Bildnachweis

Der Verlag dankt den folgenden Photographinnen, Pho-
tographen und Institutionen für die freundliche Genehmi-
gung zur Wiedergabe von Photos:

1 Andrew Lawson; 2 oben links Gary Rogers; 2 oben
rechts Neil Holmes; 2 Mitte links Andrew Lawson; 2 Mitte rechts Jerry Harpur/Elizabeth Whiting and Associates;
2 unten links Andrew Lawson; 2 unten rechts Jerry Pa-
via/Garden Picture Library; 5 Michèle Lamontagne; 6-7
Brigitte Thomas (André Eve); 8 Christopher Simon Sykes;
9 Stephen Robson/National Trust Picture Library; 10
Andrew Lawson; 11 Christopher Simon Sykes; 12 links
Brigitte Thomas; 12 rechts Georges Lévêque; 13 Jacqui
Hurst/Boys Syndication; 15 oben links Andrew Lawson;
15 oben rechts Geoff Dann; 15 unten S & O Mathews; 16
Jerry Harpur/Elizabeth Whiting and Associates; 17 links
Brigitte Thomas (Mottisfront); 17 rechts Jacqui
Hurst/Boys Syndication; 18 links S & O Mathews; 18
rechts Jerry Harpur (Reed House, Great Chesterford, Es-
sex); 19 Karl Dietrich-Bühler/Elizabeth Whiting and Associates; 21-21 Michèle Lamontagne/Garden Picture Library; 22 links Michael Boys/Boys Syndication; 22 rechts
Andrew Lawson; 23 Tania Midgley; 24 Brigitte Thomas;
25 Andrew Lawson; 26 Michael Boys/Boys Syndication;
27 Brigitte Thomas; 28 Brigitte Thomas (The Old Rectory); 29 Andrew Lawson; 30 Michael Boys/Boys Syndication; 31 Brigitte Thomas; 33 Eric Crichton; 34 oben
und Mitte Photos Horticultural; 34 unten Eric Crichton;
36 oben Eric Crichton; 36 Mitte Tania Midgley; 36 unten
links Photos Horticultural; 36 unten Mitte und rechts Eric
Crichton; 37 Eric Crichton; 39 links J.E. Robson/The National Trust for Scotland; 39 rechts Jacqui Hurst/Boys
Syndication; 41-41 Brigitte Thomas; 42-44 Andrew Lawson; 45 links Andrew Lawson; 45 rechts Brigitte Thomas
(Chatsworth); 46 Brigitte Thomas (Greencroft); 47 Brigitte Thomas (Turzey); 48 Jerry Pavia/Garden Picture Library; 49 Brigitte Thomas (Mottisfont); 50 links Steven
Wooster/Garden Picture Library; 50 rechts Brigitte Tho-
mas; 51 Jerry Harpur (designer: Peter Place); 53 links
George Lévêque; 53 rechts Eric Crichton; 56 Eric
Crichton; 58 Michèle Lamontagne; 59 links und Mitte Eric
Crichton; 59 oben rechts und unten rechts Eric Crichton;
59 Mitte rechts Andrew Lawson; 61 Eric Crichton; 62-63
Brigitte Thomas; 64 links S & O Mathews; 64 rechts Eric
Crichton; 65 Jerry Harpur (Chenis Manor, Buckingham-
shire); 66 links John Miller (Ladbroke Estate); 66 rechts
Steven Wooster/Garden Picture Library; 67 links Jerry
Harpur (designer: Wayne Winterrowd & Joe Eck); 67
rechts Brigitte Thomas (The Old Rectory); 68 links Eric
Crichton; 68 rechts MAP; 69 Brigitte Thomas (Sissing-
hurst); 70 Brigitte Thomas (Poley); 71 Brigitte Thomas; 73
Eric Crichton; 75 Eric Crichton; 76 oben und unten links
Eric Crichton; 76 Mitte Eric Crichton; 76 oben und unten
rechts Photos Horticultural; 78 links Eric Crichton; 78
rechts Andrew Lawson; 89 links Andrew Lawson; 79
rechts Eric Crichton; 80-81 Neil Holmes; 82 links Andrew
Lawson; 82 rechts Stephen Robson/National Trust Picture Library; 83 Brigitte Thomas (Fairfield); 84 links Andrew
Lawson; 84 rechts Brigitte Thomas; 85 Karl Dietrich-
Bühler/Elizabeth Whiting and Associates; 86 Eric
Crichton/National Trust Picture Library; 87 links Andrew
Lawson; 87 rechts S & O Mathews; 88 links Brigitte Thomas; 88 rechts Neil Holmes; 89 Brigitte Thomas; 90 Stephen Robson/National Trust Picture Library; 91 Brigitte
Thomas; 93 Eric Crichton; 95 Eric Crichton; 96 oben und
unten rechts Eric Crichton; 96 Mitte Andrew Lawson; 96
oben und unten links Eric Crichton; 98 oben Photos Horticultural; 98 unten Eric Crichton; 99 Eric Crichton; 100-
101 Nick Meers/National Trust Picture Library; 102 Michael Boys/Boys Syndication; 103 Jacqui Hurst/Boys Syndication; 105 oben links Ann Kelley/Elizabeth Whiting and
Associates; 105 oben rechts Clive Nichols; 105 unten
Andrew Lawson; 106 Clay Perry; 107 Andrew Lawson;
108-109 Jerry Harpur/Elizabeth Whiting and Associates;
110 links Jacqui Hurst/Boys Syndication; 110 rechts Eliz-
abeth Whiting and Associates; 111 Brigitte Thomas
(André Eve); 114 links und Mitte Photos Horticultural; 114
rechts Eric Crichton; 116 Marijke Heuff (Mr & Mrs Gary
Groenewegen); 117 oben links Photos Horticultural; 117
oben rechts Neil Holmes; 117 unten Eric Crichton; 119
links Brigitte Thomas (Vaughan); 119 rechts Photos Horticultural; 120-121 S & O Mathews; 122 John Glover-
/Garden Picture Library; 123 links Brian Carter/Garden
Picture Library; 123 rechts Andrew Lawson; 124 S & O
Mathews; 125 Brigitte Thomas; 126 links Clive Nichols;
126 rechts Jerry Harpur (Tintinhull); 127 Clive Nichols;
128 links Andrew Lawson; 128 rechts Jerry Harpur (The
Dingle, Welshpool); 129 Brigitte Thomas (Weeks Farm);
132 oben links Photos Horticultural; 132 oben und Mitte
rechts Eric Crichton; 132 unten Eric Crichton; 134 links
Eric Crichton; 134 Mitte und rechts Photos Horticultural;
135 oben links Gary Rogers; 135 unten links Photos Horticultural; 135 unten Mitte Eric Crichton; 135 unten rechts
Photos Horticultural

## Anmerkungen zur deutschen Ausgabe

Damit der Charakter des Buches gewahrt
bleibt und die Ideen der Autorin nicht ver-
fälscht werden, wurden die Pflanzen-Arten
des englischen Originaltextes weitgehend
übernommen. Auch wenn einige der ge-
nannten Pflanzen bei uns schwer erhältlich
sind oder in vielen Gegenden Deutschlands
Winterschutz brauchen, wurden sie nicht
durch gängige oder robustere Arten ausge-
tauscht. Da sich die Autorin bei ihren Gestaltungen auf die Farben ganz bestimmter
Arten und Sorten stützt, hätte jede Verän-
derung die Harmonie ihrer Kompositionen
zerstört.

Die Pflanzen, die nicht überall frostfest sind,
wurden mit einem * gekennzeichnet. Während diese Arten im Weinbauklima oder in
der Nähe des Meeres den Winter mit einer
schützenden Laub- oder Mulchdecke
überstehen, müssen Sie in kälteren Regionen wie zum Beispiel im Mittelgebirge ausgegraben und gerade frostfrei überwintert
werden. Auch spielt das Kleinklima in jedem einzelnen Garten eine bedeutende
Rolle. Vor einer sonnigen, trockenen Süd-
wand gedeiht so manche Pflanze, die in einer feuchten Senke keinen einzigen Winter
übersteht.

Kurze Hinweise zu den Ansprüchen aller
aufgeführten Pflanzen finden Sie auf Seite
136, ausführlichere Informationen erfragen
Sie am besten bei Ihrem Gärtner oder
Pflanzenlieferanten.

# Inhalt

# Einführung

**F**arbe ist für ein Gemälde so charakterisierend wie der Gesichtsausdruck für einen Menschen. Die meisten von uns werden der Malerei nirgends so nahe kommen wie im Spiel mit der Farbe in einem Garten.

Rittersporn und Rosen sind der Inbegriff des sommerlichen Gartens. Der matt schimmernde Muskateller-Salbei, *Salvia sclarea turkestanica,* rechts im Bild, ist nicht so bekannt, aber trotzdem nicht weniger eindrucksvoll.

Umgeben von einem Teppich blauer Vergißmeinnicht und in den »Bonbonfarben« Johannisbeere, Kirsch und Zitrone wirken Tulpen originell und gleichzeitig erlesen.

»Farbe«, sagte ein befreundeter Akademiker, »ist ein wissenschaftliches Thema«, und gab damit zu verstehen, daß die Autorin dieses Buches Schwierigkeiten haben würde, die technische Seite des Themas zu bewältigen oder zu vermitteln. Beides ist auch der Fall, aber das ist nicht der springende Punkt. So wie Kunstwerke mehr sind als das Produkt optischer Phänomene, und Musik komponiert wird, die den Kontrapunkt transzendiert, gibt es keine Garantie dafür, daß Ihnen ein wunderschöner Garten beschert wird, wenn Sie die Gesetzmäßigkeiten des Farbspektrums verstanden haben. Farbe ist weniger ein wissenschaftliches Thema, als vielmehr eine sehr persönliche »Wissenschaft«, ich glaube, diese Definition ist für den künstlerischen Gartengestalter hilfreicher als der Hinweis, Farbe sei nur ein Komplex von Gesetzen.

Die meisten von uns werden der Malerei niemals so nahe kommen wie beim Spiel mit Farben und Formen in einem Garten, und die Techniken,

die Gartenliebhaber einsetzen, um Farben zu kombinieren, sind viel einfacher als die von Künstlern angewandten. Verglichen mit dem Aufbringen von Farbe auf Leinwand ist es leicht, Pflanzen zu ziehen. Denn ein Garten ist nicht von der Geschicklichkeit einer Künstlerhand abhängig. Blumen und Sträucher arrangieren sich im Freien selbst zu vollkommenen Bildern und brauchen dazu nicht mehr als eine inspirierte Zensur des Gärtners.

Künstler, so vermute ich, lassen sich eher von anderen Gemälden oder von der Natur inspirieren als von Farbfächern. Ähnlich können moderne Gärtner durch die Betrachtung von Pflanzungen, die andere gestaltet haben, ein Gefühl dafür in sich aufnehmen, wie etwas wirkt.

Die Viktorianer, die gern über Farben theoretisierten, haben einige Blumenkombinationen geschaffen, die heute als geschmacklos gelten würden, vielleicht weil sie so von der Wissenschaft bestimmt waren. Die

Mohn und Malven in allen Rosa-, Karmesinrot- und Scharlachrot-Schattierungen ergeben ein reizvolles Sommerbild. Hier sind die Farbtöne satter als die der klaren, fast transparenten Frühlingsfarben in dem Bild auf der gegenüber liegenden Seite.

Eine großzügige Verwendung von Weiß sowohl im Gitterwerk der Laube als auch bei den Blumen erlauben es diesem Gärtner Magentarot, drei Rosatöne und den ausgefallen orangefarbenen *Mohn* zu kombinieren: Es entsteht eine verwegene und großzügige Anlage.

Untersuchungen von Dr. Brent Elliott, dem anerkannten Experten für die Gärten des neunzehnten Jahrhunderts, haben gezeigt, daß die frühen viktorianischen Anlagen von der Theorie der komplementären Farben beherrscht waren. Diese wurde von Chevreul entwickelt, dem Chemiker, der in einer Gobelinwandbehang- und -teppichmanufaktur für das Färben zuständig war. Das Erbe komplementärer Farbgebung besteht heute fort. Wir haben Chevreul die Kombination von leuchtendem Gelb und kräftigem Purpur zu verdanken, die in modernen pflegeleichten Sträuchergruppen so oft zu finden ist.

Spannungsvolle Kontraste wie diese wurden von einigen Viktorianern jedoch abgelehnt. Am eindeutigsten tat dies Donald Beaton, der leitende Gärtner im Shrubland Park in Suffolk, der sich in seinem späteren Leben dem Gartenbau-Journalismus und der Züchtung von Pflanzen zuwandte. Beaton teilte die Anschauungen Owen Jones', der für die Gestaltung des Kristallpalastes verantwortlich war und das klassische Nachschlagewerk über viktorianische Schmuckkunst, *The Grammar of Ornament* verfaßte. Er liebte Gestaltungen, die alle Primärfarben in kleinem Umfang beinhalteten, ausgewogen und unterstützt durch größere Anteile der Sekundär- und Tertiärfarben, was sich heute schillernd bunt anhört. Es gefiel Beaton, Blumen zu kombinieren, deren Farben alle möglichen Hintergrundfarben berücksichtigten. Laut Dr. Elliott pries Beaton die gelben Pantoffelblumen und scharlachroten Geranien, die am Kristallpalast extensiv verwendet wurden, weil sie die großen Blau- und

Hier hat das Weiß eine andere Wirkung: Diesmal belebt es ein Bild aus Grün-, Grau- und in den Hintergrund tretenden Blautönen und wird dadurch zum auffallendsten Element der Komposition.

Weißanteile kompensierten, die in den umgebenden Steinen und dem Glas des Gebäudes schon vorhanden waren. Selbst wenn man die enormen Flächen berücksichtigt, die viktorianische Gärtner bepflanzten, sind ihre flachen Farbmosaike weniger ansprechend als die abwechslungsreichen Gärten, die moderne Gärtner heute mit Hilfe von Blumen verschiedener Höhe und Laub unterschiedlicher Textur schaffen.

Farbharmonien benötigen wie musikalische Harmonien eine behutsame Instrumentation, vor allem auf kleiner Fläche. Wir haben das Wissen der viktorianischen Zeit aufgenommen und haben es weiterentwickelt: Der heutige Geschmack kann das einkalkulieren, was John Sales, Chefberater des English National Trust für Gärten, den »glücklichen Zufall« nennt. Wie angeblich in jeden Perser-Teppich ein absichtlicher Fehler eingewebt wird, so sollten sich auch unsere komplizierten Farbzusammenstellungen nicht allzu streng an die eigenen Regeln halten.

Gertrude Jekyll hatte einen eher impressionistische Blick für Farbe im Garten als einen viktorianischen. Die Vision der Impressionisten von weichen Bildern, die zu Mustern von Licht und Schatten verschwimmen, gefällt auch uns heute besser als die getrennten und klar abge-

Ein blauer Pavillon im Garten der Autorin gibt, besser als ein weißer, den leuchtenden Sommerfarben zusätzliche Sattheit. Vergleichen Sie die Leuchtkraft der Anlage mit der weißen Laube mit der eher melancholischen Stimmung dieser Pflanzung.

grenzten Farbblöcke, die sowohl für viktorianische Gemälde als auch für viktorianische Gärten so charakteristisch sind. Jekyll gärtnerte wie die Viktorianer auf riesigen Flächen, die heute praktisch nicht mehr zur Verfügung stehen, aber ihre Prinzipien bleiben hilfreich:

»Der ganze Unterschied zwischen gewöhnlicher Gartengestaltung und Gartengestaltung, die für sich zu recht in Anspruch nimmt, als Schöne Kunst zu gelten, liegt nur in der Art und Weise, wie sie durchgeführt wird. Ein und dieselbe Grundfläche und ein und dasselbe Material können entweder so behandelt werden, daß ein Traum von Schönheit entsteht, ein Ort der vollkommenen Ruhe und Erfrischung für Leib und Seele – eine Reihe von Bildern, die die Seele erquicken – ein Schatz von wohlplazierten Edelsteinen, oder aber sie werden so mißbraucht, daß alles mißtönend und unbehaglich ist. Zu lernen, den Unterschied wahrzunehmen und es richtig zu machen, heißt Gartengestaltung als Schöne Kunst zu begreifen.«

Über malerisches Gärtnern runzeln Gartenbaufachleute die Stirn, denen die Pflanzen wichtiger als die Farben sind und die lieber irgendetwas Seltenes kultivieren, als eine Blume nach dem zu bewerten, was sie zu dem Bild als Ganzem beiträgt. In seinem Garten in Giverny erfreute sich Monet an Teppichen von Kapuzinerkresse mit vielen Gladiolen ebenso wie an Sonnenblumen, Seite an Seite mit Lupinen. Dies sind keine

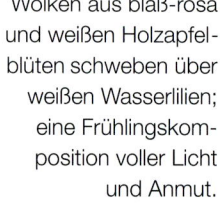

Wolken aus blaß-rosa und weißen Holzapfelblüten schweben über weißen Wasserlilien; eine Frühlingskomposition voller Licht und Anmut.

Eine ganz andere impressionistische Wirkung entsteht, wenn Farben miteinander kombiniert werden, die dieselbe Grundfarbe haben, wie zum Beispiel dieser schimmernde *Lavendel* und die purpurfarbene *Clematis x jackmanii.*

Pflanzen, über die ernsthafte Gartenliebhaber ins Schwärmen geraten. Ihre Suche nach Abwechslung ist vielleicht dadurch verstärkt worden, daß unsere Gärten nunmehr handtuchgroß sind. Besuche in Pflanzensammlungen sind zweifelsohne faszinierend – aber mit ihnen zusammenzuleben? Hätte ich die Wahl zwischen den Gärten der Royal Horticultural Society in Wisley und Giverny mit dem dazugehörigen Personal, würde ich mich jedesmal für Giverny entscheiden. Der malerische Garten hat einer Hobbygärtnerin mehr zu bieten als ein maßstabgerecht verkleinertes Museum.

Blumen in eine Farbkomposition einzufügen, ist keine geringere Herausforderung, als eine große Zahl von Seltenheiten zu kultivieren. Es kann gärtnerisch sogar sehr anspruchsvoll sein: auch die Farben halten den Gärtner voll beschäftigt. Pflanzenfreunde setzen Pflanzen dorthin, wo sie am besten wachsen, Farbenkünstler müssen die Regeln der Pflanzenpflege beugen. Kein Gartenbauexperte mit Selbstachtung würde zum Beispiel einen *Phlox* und eine *Hebe* (Strauchveronika) wegen ihrer Blütenfarbe in ein und dasselbe Beet pflanzen (wie in der Gruppierung auf Seite 57), weil die *Hebe* es gerne heiß und trocken mag, der Phlox hingegen lieber kühl und feucht. Schüler Monets aber werden Pflanzen als Elemente einer Komposition behandeln. In einem Fall wie diesem mulchen und wässern sie den Phlox, so daß er wachsen

In Monets eigenem Garten in Giverny wirkt das Blütenmeer aus allerlei Farben nur dann impressionistisch wie von einem Schleier überzogen, wenn man es sich aus einiger Entfernung anschaut (oder wenn Sie beim Betrachten des Bildes mit den Augen blinzeln).

Links oben:
Die aufsehener-
regenden scharlach-
farbenen Lobelien
und Dahlien aus den
roten Rabatten im
Hidcote-Garten wirken
anregend, nicht
beruhigend.

und gedeihen kann und so beide Pflanzen gut nebeneinander existieren können.

Einige Gärtner mögen für diese Art von Manipulation der Natur zu empfindlich sein, und andere werden von Herzen dagegen sein, aber Gärten werden per definitionem kultiviert und sind Räume, in denen die Menschen ein bißchen »lieber Gott« spielen können. Der Garten Eden war vielleicht farblich nicht abgestimmt, aber er war das Paradies – und einer der schnellsten Wege zum Paradies im eigenen Garten ist es, Farbe ernst zu nehmen.

Farbe eignet sich wie Musik gut dazu, Stimmungen zu schaffen, und dieses Wissen um die Wirkung von Farben ist einer der Punkte, in denen wir uns von unseren gärtnernden Vorfahren unterscheiden. Krankenhäuser lassen ihre Wände in beruhigenden Farbtönen wie Blaßblau oder fröhlichen Gelbfarben streichen. Warum sollten Gärtner nicht von diesen Tricks profitieren? Wenn Sie das für Unsinn halten, denken Sie an rote Blumen – sie beruhigen nicht, sondern regen an –, oder an blaue Blumen, die auch in einen noch so kleinen Garten ein Gefühl von verschwimmender Ferne bringen, oder an die gelben Jasminblüten – wie Sonnenschein im Winter. Der Reiz im Freien liegt darin, daß durch Farbe hervorgerufene Stimmungen sich mit dem Licht ändern. Man kann sich nicht darauf verlassen, daß ein Farbton das ganz Jahr über oder auch nur einen Tag lang gleich bleibt. »Farbe«, so schreibt der amerikanische Maler Robert Dash, der auch ein Gärtner ist, »ist voll von schleichendem Verrat, so daß Himmelblau Meerblau wird oder Schieferblau und dann überhaupt kein Blau mehr ist.«

Maler wählen traditionell für ihre Ateliers nach Norden gelegene Räume, weil sie die Wirkung kennen, die das direkte Sonnenlicht auf Farbe haben kann. Es ist eine überraschende Tatsache, daß ein weißes Taschentuch im Schatten dunkler wirken kann als ein Stück Kohle in der Sonne! Probieren Sie es aus: Sie werden feststellen, wie Licht Sie täuscht. Im Schatten stechen blasse Blumen hervor, während leuchtende Farben im Sonnenlicht verblassen. Denken Sie auch daran, daß Farben sich gegenseitig beeinflussen. Dies läßt sich am einfachsten an leuchtendem Rot und klarem Blau verdeutlichen. Einzeln behalten die Farben ihre jeweilige Identität, die eine fröhlich und warm, die andere ruhig und kühl. Wenn sie nebeneinander gesetzt werden, erzeugen diese Farben nicht mehr die zwei ursprünglichen Bilder, sondern zwei neue. Sie verändern sich, werden schwerer und härter. Das Blau wird leicht malvenfarbig und das Rot stärker karmesinrot, wenn sich diese Farben aufeinander zu bewegen. Fügen Sie Grün hinzu, wie Sie es im Garten ja immer müssen, und die Farben verändern sich erneut. Geben Sie viel Weiß hinein, und sie trennen sich wieder. Wenn sich dies nun

Rechts oben:
Wegen ihrer gedämpf-
ten, aber dennoch
auffälligen Rottöne sind
die Bergamott-Minze,
*Coleus* und *Fuchsia*
'Thalia' nicht gerade
Pflanzen, die Sie für
einen ruhigen Winkel
des Gartens wählen
sollten.

Hier dient das Weiß dazu, eine niedrige Rabatte zu »heben«. Sie trennt die leuchtenden und schweren Farben voneinander und bewahrt die Pflanzung davor überladen zu wirken.

allmählich kompliziert anhört, dann denken Sie auch an die Unzuverlässigkeit von Blüten, die kommen und gehen wie sie wollen, so daß die Zeitplanung für eine bestimmte Stelle durch das Ausbleiben einer Farbe ruiniert werden kann. Das Zusammenstellen von Farbe im Garten ist genauso anspruchsvoll, wie ein paar seltene Pflanzen zu ziehen.

Grundsätze, die für eine Person gelten, sind häufig nicht universell anwendbar. Sie sollten daher selber ausprobieren, welche Pflanzen- und Farbzusammenstellungen Ihnen am besten gefallen. Das Anliegen dieses Buches ist es, Ideen zur Beurteilung vorzulegen und denjenigen, die mit Farbe experimentieren möchten, einige Anregungen zu geben. Die Pläne sind als Ausgangsbasis gedacht, denn Pflanzenrabatten sind niemals statisch, und man kann nie sicher sein, daß man nach getaner Arbeit mit dem Ergebnis zufrieden ist. Sie müssen die Pflanzpläne des Buches immer an Ihre Gegebenheiten anpassen: an Ihr Grundstück, an das Klima in Ihrer Wohngegend, an die Art, wie Sie Ihren Garten nutzen.

Ebensowenig wie der viktorianische Gärtner Beaton können Sie die Hintergrundfarbe Ihres Gartens ignorieren. Wäre er mit einem roten Backsteinhaus gesegnet gewesen, wäre Beaton wahrscheinlich für gelbe und blaue Beetbepflanzungen eingetreten, wohingegen die meisten von uns heute das Gebäude lieber mit blasseren Tönen von Sekundärfarben, wie Apricot oder Rosa umgeben würden. Bei Jekylls und Monets Ratschlägen zu Farben muß ähnliche Vorsicht walten. Denn ihre Wirkungen beruhten besonders auf der kurzzeitigen Blüte von einjährigen und im Haus zu überwinternden mehrjährigen Pflanzen. Solche Blumen können Farbigkeit besser herstellen als fast alle anderen, aber sie bedeuten Arbeit. Und um die Jahrhundertwende gab es reichlich Arbeitskräfte, so daß man es sich leisten konnte, in Massen dieser Pflanzen zu schwelgen. Ich habe mehr von ihnen in die Entwürfe aufgenommen, als zur Zeit Mode ist, aber nicht annähernd so viel, wie Monet und Jekyll es getan hätten. Vielleicht möchten Sie diese Pflanzen lieber ganz meiden. Ich habe ebenfalls eine ganze Reihe von Zwiebelgewächsen vorgeschlagen, die am einfachsten zu handhabende Form kurzzeitiger Farbe. Die Pläne sollten Sie nur als Kern für Ihre eigene Pflanzung betrachten. Die Gestaltungsvorschläge für Beete, um die Sie herumgehen können, lassen sich vielleicht leichter in einem bestehenden Garten umsetzen als andere, die eine Mauer oder Hecke als Hintergrund benötigen.

Auf viele schöne Pflanzen mußte verzichtet werden, weil die verfügbare Palette so riesengroß ist. Die Pflanzen, die ich in einer modernen Anlage für absolut unentbehrlich halte, sind die vertikalen. Es sind die Blu-

*Rosa chinensis 'Mutabilis' in kupferfarbenen Rosatönen ist genau die richtige Pflanze vor einer Mauer, in deren Steinen sich die Farben Pflaume und Apricot finden. Blütenfarben ergänzen die Materialien vorgogobonor Elomonto und schaffen eine Atmosphäre von Vergänglichkeit.*

Gegen das Ocker der Mauern in Great Dixter pflanzt Christopher Lloyd schwefelgelbe Schafgarbe und lackroten Mohn. Sogar das dunkel gefärbte Holz des Hauses wird aufgegriffen und findet seinen Widerhall in der glänzenden, schwarzen Zeichnung der zarten Mohnblüten.

men, die auf kleinem Raum den Eindruck zusammengeballter üppiger Farbigkeit erzeugen. Auch Kletterpflanzen tun dies, aber Pflanzenarten wie Fingerhut, Königskerze, Rittersporn, Eisenhut, Stockrose, Salbei und zahllose andere, die im Buch immer und immer wieder aufgegriffen werden, dürfen nicht leichtfertig abgetan werden. Es ist wie immer nicht schwierig zu entscheiden, was hineinzufügen, sondern was wegzulassen ist. Ich finde es am einfachsten, die Farben in wechselnden Harmonien einer Primärfarbe zu handhaben, mit nur wenigen Kontrastpunkten.

Mit den Jahreszeiten ändern sich auch die geeigneten Farben, aber es ist schwerer, sie auf kleinem Raum zu mischen als in den langen Rabatten, die Gertrude Jekyll bevorzugte. Deshalb gehe ich mit einer kleinen Farbpalette auf Nummer Sicher. Grün in verschiedenen Schattierungen ist so angenehm wie jede andere Farbe im Garten – und weil sich Grün im Freien einfach nicht vermeiden läßt, können Sie genauso gut das beste daraus machen (wie im Beispiel auf Seite 74). Die einzigen Blumen, die Grün in den Hintergrund drängen können, sind gewöhnlich üppig blühende einjährige Pflanzen, weshalb sie bei Schülern von Monet so beliebt sind. Einige Gärtner empfehlen statt einjähriger Pflanzen farbiges Laub, um das Grün in den Hintergrund zu drängen, aber mir sind kurzlebige Blüten lieber als diese beständigen Farbtöne.

Neben einer beschränken Farbpalette sind es die im Verlauf des Jahres wechselnden Eigenschaften des Lichts, die mir helfen, meine Ziele

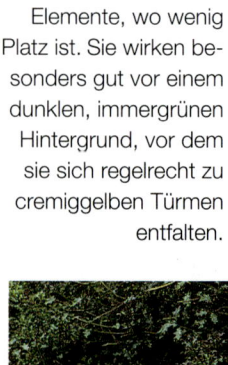

Fingerhut und Lupinen sind kraftvolle vertikale Elemente, wo wenig Platz ist. Sie wirken besonders gut vor einem dunklen, immergrünen Hintergrund, vor dem sie sich regelrecht zu cremiggelben Türmen entfalten.

Die hoch aufragenden, dunkelblauen Rittersporn-Rispen und die zarteren Glockenblumen sind das perfekte Bühnenbild für die flachen, blaßgelben Blütenköpfe der Schafgarben und den gelben Goldlack.

– manchmal – zu erreichen. Im Winter wechseln die Farben zwischen verschwommen und scharf: Dann sind gelbe oder weiße Blumen wertvoll, weil sie dunkle Gärten erhellen. Das klare Licht des Frühlings zeigt Farben in ihrer reinsten Form, und blasse Farben kommen zur Geltung. Satte Blau- und Rottöne werden im Sommer gebraucht, wenn die Sonne alle Farben ausbleicht außer Gelb, das sich in Messing verwandelt. Das tiefstehende Licht des Herbstes stellt die Feinheit wieder her und begünstigt eine Palette von recht kräftigen Farben, die in dem grellen Licht des Sommers aufdringlich erscheinen. Auch den feurigen, glühenden Braun- und Orangetönen bekommt das milde Licht dieser Zeit ausgesprochen gut.

Die meisten dieser Vorschläge werden in den nachfolgenden Kapiteln näher ausgeführt. Ich habe sehr wenig über Form und Grundriß, die statischen Elemente eines Gartens, geschrieben.

Farbe, die ja fließend ist, gibt einer Pflanzung ihren Charakter und verleiht ihr so etwas wie einen Gesichtsausdruck. Es ist jener Ausdruck von Charakter und Stimmung in einem Garten, zu dem dieses Buch anzuregen hofft.

*Iris sibirica* mit ihren schwertartigen Blättern gleicht in ihrer vertikalen Wirkung dem Fingerhut, dem Blumenlauch und den Glockenblumen. Vor einem Hintergrund verschiedener Grünfarben vermittelt sie aber zudem einen Eindruck von Tiefe.

# Blautöne

**B**lau kühlt alle Farben und verleiht jeder Komposition eine Ahnung von Weite und Frieden. Aber Blautöne gibt es in zwei Stimmungslagen: Strahlendes Blau hebt die Stimmung wie ein Sommerhimmel, die weicheren, blasseren Töne dagegen überziehen den Garten mit sanfter Melancholie.

Luftige Rittersporne in Hellblau und Dunkelblauviolett sind hinter üppig blühendem Storchschnabel (*Geranium ibericum*) angeordnet, der ins Violette spielt. Blautöne wie diese schaffen eine besondere Atmosphäre ruhevoller, aber manchmal melancholischer Harmonie.

Der kobaltblaue Anstrich von Schuppen und Pforte in Verbindung mit dem Purpur der *Clematis* 'Jackmanii Superba' erwecken vor einem grünen Hintergrund den Eindruck von Tiefe und Intensität.

Blau ist die Farbe für Ferne. Denken Sie an Berge in weiter Ferne oder an die Gemälde Claude Lorrains, deren warmer brauner Vordergrund langsam in silbriges Blau übergeht, so daß Sie das Gefühl haben, Sie könnten kilometerweit in sie hineingehen. Ein Gemälde ist viel kleiner als ein Garten: Wenn ein Trick die Leute glauben machen kann, eine 1,80 x 1,20 m große Leinwand könne sie in einen unendlichen Raum führen, dann können Sie mit einer ähnlichen Zauberkraft Ihren Garten so wirken lassen, als habe er keine Grenzen. Gertrude Jekyll, die sich auf übergroße Kräuterrabatten spezialisierte, setzte Blautöne immer an das entfernt liegende Ende des Gartens. Wenn man an den Rabatten entlangging, muß man den Eindruck gehabt haben, daß sich die Blumenbänder unendlich weit entfalteten. Ein vergleichbares Trugbild findet sich in den für England so typischen Wäldern, deren Boden mit einem Teppich aus *Scilla nonscripta* bedeckt ist und in denen die Bäume zu schweben scheinen. Könnte es dieses Gefühl fortwährender Bewegung sein, das den Anblick verzaubert?

Während einige Blautöne die Eigenschaft besitzen, den Blick in die Ferne zu lenken und uns stillstehen und träumen lassen, haben andere, die klareren Farbtöne, eine aufmunternde Wirkung. Wie Gelb erscheint uns auch Blau in zwei Kadenzen: glücklich und traurig; nicht alle Blautöne erzeugen dieselbe Stimmung. Positives Blau oder Blau, das durch Weiß belebt wird, hebt die Stimmung wie ein Sommerhimmel oder der Anblick des azurblauen Meeres. Denken Sie an die fröhlichen Vergißmein-

Ein Wald von *Scilla nonscripta* veranschaulicht eindrucksvoll die Eigenschaft von Blau, Räume größer wirken zu lassen: Während die Blüten zurücktreten, verdichten sich die Farben, und die Bäume scheinen fast auf einem Meer von Blau in die Ferne zu treiben.

nicht, an adrettes weißblaues Porzellan oder an ein hellblaues Kleid. Die melancholischen Blautöne dagegen, die des dämmrigen Lavendels und der matt verschwommenen Glattblatt-Astern, stimmen uns eher ruhig und nachdenklich als überschwenglich. Während man von den strahlenden Blautönen sagen kann, daß sie Gefühle hervorrufen, die eher einer Harmonie in Dur entsprechen, verleihen die »traurigen« Blautöne einem Garten eher eine Atmosphäre von Tiefe und Melancholie, wie sie entsprechend wohl ein in Moll geschriebenes Musikstück bewirken würde. Wenn ich diesen Punkt so ausführlich behandelt habe, dann um zu zeigen, daß eine Farbe so viele Bedeutungsnuancen hat wie Farbtöne in ihrer Skala. Und wenn all dies gesagt ist, läßt das Licht, das alles auflöst und verändert, seinen Zauber auch auf die Blautöne wirken wie auf alle anderen Farben. Im Schatten werden selbst die hellen Blautöne schummrig und verhalten sich wie die traurigen. Gegen Ende des Tages verblaßt das Blau der Vergißmeinnicht, das unter der Mittagssonne wie ein Stück Himmel schien und vermittelt am späten Nachmittag die Illusion von Tiefe und Ferne.

*Meconopsis*, der blaue Tibet-Scheinmohn, bildet einen aufregenden blauen See. Scheinmohn ist schwer mit ruhigeren Blautönen zu kombinieren, weil seine Blütenfarbe ins Türkis geht, was eine hohe Spannung in das Bild bringt.

Wenn Sie Teile dieses Bildes abdecken, können Sie die Wirkung von hellem Gelb und Grau auf das Blau der Katzenminze in der Mitte erfahren. Wenn Sie das Gelb wegnehmen, trübt sich das Blau; wenn Sie das Grau wegnehmen, wirkt es sofort anregender.

Auch wenn Sie bei einer matten Farbpalette bleiben, so wird sie mit dem Licht ihr Aussehen verändern. In der Sonne sind die Farben satter und spiegeln den schleppenden Schritt eines heißen Tages, im Schatten wirken sie hingegen grauer und kühler. Denken Sie an Kornblumen im hellen Sonnenschein und dann an Lavendel. Erstere wirken beinahe stechend – wie die Farben, die die Menschen an der See tragen. Letztere sind schwerer, fast wie ein violetter Himmel vor einem Gewitter. Dann stellen Sie sich beide Pflanzen im Schatten vor: Der Lavendel wirkt dort grauer und weniger sinnlich, und die Kornblumen, die in der Sonne so unberührt und fröhlich waren, verwandeln sich in etwas Mysteriöses und Kühles.

Um einen »Fata-Morgana-Effekt« zu inszenieren, können Sie also helle Blautöne für eine Stelle im Schatten oder die weichen, grau- und purpurschimmernden Blautöne für einen Standort in der Sonne wählen – aber vergessen Sie dabei nicht, daß helle Blautöne auch im Schatten aufmunternd wirken, die Lavendelblautöne dagegen an grauen Tagen sehr trist aussehen.

Um Blautöne aller Art zu intensivieren, vermeiden Sie ein Übermaß an dunkelgrünem Laub und wählen Sie statt dessen graugrünes oder silbernes. Mit matt schimmernden Farbtönen kombiniert, könnte Sie das an trüben Tagen allerdings melancholisch stimmen. Wenn sie deshalb lieber auf silbernes als auf graugrünes Laub setzen oder sogar einen Tupfen Weiß einfügen, hellen Sie das Ganze etwas auf, verlieren aber die Illusion von Ferne.

Van Gogh sagte: »Es gibt kein Blau ohne Gelb und Orange, und wenn Du Blau malst, dann male auch Gelb und Orange.« Es stimmt, daß Blau fast negativ wirkt, wie das Fehlen von Farbe, wenn es nicht in die Nähe einer kontrastierenden Farbe gesetzt wird. Das mag der Grund dafür sein, weshalb es so gut einen Fata-Morgana-Effekt bewirkt. Wenn Sie wie van Gogh das Blaue im Blau aufwerten wollen, müssen Sie seinem Ratschlag folgen und Gelb oder Orange einsetzen, um die Farbe zu definieren. Im Garten des Malers John Hubbard zum Beispiel säumen orangefarbene Ringelblumen und blaue *Felicia* einen schmalen Pfad. Wer nicht ein ausgesprochener Farbenkünstler ist, dem geht dieser Versuch vielleicht zu weit, denn Blumen hören irgendwie auf, Blumen zu sein, wenn sie in solch breiten »Pinselstrichen« eingesetzt werden. Gertrude Jekyll, deren frühere Ausbildung als Künstlerin sie ermutigte, die Verwendung von Farbe im Garten zu erforschen, schrieb, daß »jeder erfahrene Farbenkünstler weiß, daß Blautöne durch die Gegenüberstellung mit einer richtig gesetzten Komplementärfarbe wirkungsvoller – und reiner – werden.« In einem Arrangement für einen blauen Garten

Vergleichen Sie die beruhigenden Farbklänge blauer und weißer, von Katzenminze gesäumter Rittersporne auf der linken Seite mit der leuchtenderen Wirkung der Tulpen 'Barnsley House' rechts. Wie eine Spur Rot oft von Malern und Innenarchitekten benutzt wird, um einen Entwurf zum Leben zu erwecken, so wirkt ein Spritzer Scharlachrot im Garten auf die Sinne wie ein erfrischendes Prickeln.

Vergißmeinnicht mit roten Tulpen sind ein weiteres Beispiel für die Art und Weise, wie Farben einander beeinflussen: Decken Sie zunächst das Weiß ab, dann das Rot, und schauen Sie sich schließlich das gesamte Bild an, um zu sehen, wie die Vergißmeinnicht mit jeder neuen Kombination ihr Blau verändern.

Vor einem Hintergrund von rosa Mohn werden hier violette und malvenfarbige Rittersporne mit viel Weiß kombiniert. Gertrude Jekyll hätte noch einen einzigen Rittersporn dazugepflanzt, dessen Blüten eine Spur Gelb enthalten.

benutzte sie zitronen- und kanariengelbe Lupinen mit Löwenmäulchen sowie weiße Lilien und *Lupinus arboreus* (Baumlupine), um die »reinen Blautöne«, wie sie sie nannte, hervorzuheben. Purpurblaue Töne, wie die blauesten der Glockenblumen und der mehrjährigen Lupinen, sollen unberücksichtigt bleiben, denn »sie wären nicht zulässig«, wie Jekyll entschied.

Meiner Meinung nach sollte für *Meconopsis*, dem himmelblauen Tibet-Scheinmohn, eine Ausnahme der Regel von Monet und Jekyll gemacht werden. In einigen Formen, wie zum Beispiel *Meconopsis* x *sheldonii*, ist das Blau so intensiv und leuchtend, daß es für sich allein stehen kann. Es spricht einiges dafür, diese Staude unter einem Baumbestand wachsen zu lassen, unbegleitet von anderen Pflanzen, die seine Wirkung nur verwässern oder herabwürdigen würden.

Die blauen Hortensien, die auf saurem Boden stehen, stellen unter Umständen ein ähnliches Problem dar, denn ihr stechendes Blau wirkt gegen Pflanzen, die in ruhigeren Farbtönen blühen allzuleicht künstlich und unnatürlich.

Rechts:
Van Gogh sagte: »Wenn Du Blau malst, dann male auch Gelb« Hier vertieft die gelbe Schafgarbe das Blau der Rittersporne, genau wie van Gogh es empfahl.

Sommerliche Blautöne können mit Rosa überzogen werden. Die unterschiedlichen Schattierungen von *Echium* 'Blue Bedder' ergänzen hier die Rosa- und Violettöne des *Penstemon* 'Sour Grapes'.

Links:
Leuchtende Blautöne stimmen uns fröhlich, die verschwommen matten Farbklänge der Glattblatt-Astern wirken dagegen eher melancholisch.

»Unschuldige« Blautöne gehören in erster Linie zum Frühling, wenn das klare Licht zur Reinheit der Farbe paßt und das Hellgrün des frischen Laubes für ausreichend Gelb sorgt, um das Blau auszugleichen. Seit ewigen Zeiten heißt es im Volk, Blau und Grün harmonierten nicht miteinander, aber wenn das Grün stärker ins Gelbe als in Blaue spielt, ist dieses Vorurteil leicht zu zerstreuen. *Euphorbia characias* mit ihren blaßgrünen Flaschenbürsten paßt zum Beispiel besser zu dem Hellblau einer *Scilla* als immergrüne Pflanzen wie die Eibe oder der Buchsbaum mit ihren dunklen Blättern.

Es ist bei jeder Komposition von Grün und Blau schwierig, ein Gleichgewicht zu finden. Die beiden Farben basieren auf derselben Primärfarbe, daher wirkt das Blau leicht matt, wenn sie zusammen verwendet werden. Es wird wieder lebendig, wenn man das Grün aufhellt, bis es fast gelb wird.

Eine blaßblaue Blume vor eine dunkelgrüne Hecke gesetzt, hat eine andere Wirkung, weil die Farben der Pflanzen überhaupt nicht miteinander konkurrieren. Blaßblau gegen Dunkelgrün wirkt in erster Linie durch den Kontrast von Hell und Dunkel, wohingegen Sie bei *Euphorbia* und *Scilla* die verschiedenen Farben dieser Pflanzen als erstes wahrnehmen.

Im Hochsommer, wenn das Laub dunkler ist, sind Blau und Grün im selben Beet schwer zu meistern. Zusammen sehen sie trübe aus, weil

Die Kombination von Blau mit Grün kann eine heikle Sache sein: Hier verhindert das Sonnenlicht, daß die intensiv blauen Glockenblumen gegen den bläulichgrünen Hintergrund leblos aussehen, indem es die benachbarten Blätter gelb und blaß erscheinen läßt.

ihre Farbtöne zu dicht beieinander liegen. Das Hinzufügen von weißen oder blaßgelben Blumen kann hier Abhilfe schaffen. Wo Sie eine dauerhaftere Aufhellung haben möchten, kann silberfarbenes oder weißbuntes Laub die richtige Antwort sein.

Im Sommer wirkt eine überwiegend blaue Rabatte ohne die Farben Gelb oder Orange glanzlos, wenn die grünen Blätter nicht gegen Limonengrün, Weiß oder Silber hervorstechen können. Die »negativen« Eigenschaften von Blau sind für den Gartengestalter andererseits auch ein Glück, denn sie helfen ihm, grelle Farbzusammenstellungen zu mildern. Denn eines darf ein Gärtner, der Farben geschickt einsetzen will auf keinen Fall vergessen: Blau ist die kühlste und beruhigendste aller Farben und verleiht jeder Komposition eine Ahnung von Weite und Frieden.

Blaue Akeleien (die blaueste Form ist *Aquilegia alpina*) bringen Luftigkeit in jede Rabatte. Vor diesen pupurfarbenen Rittersporen wirken sie satter als mit einem blassen Gelb oder Weiß.

Rechts:
Die Edeldistel *(Eryngium)* bringt ein sehr metallisches Blau in den spätsommerlichen Garten und belebt das Beet durch seine Höhe und seine architektonische Struktur.

# *Blau mit Purpur*

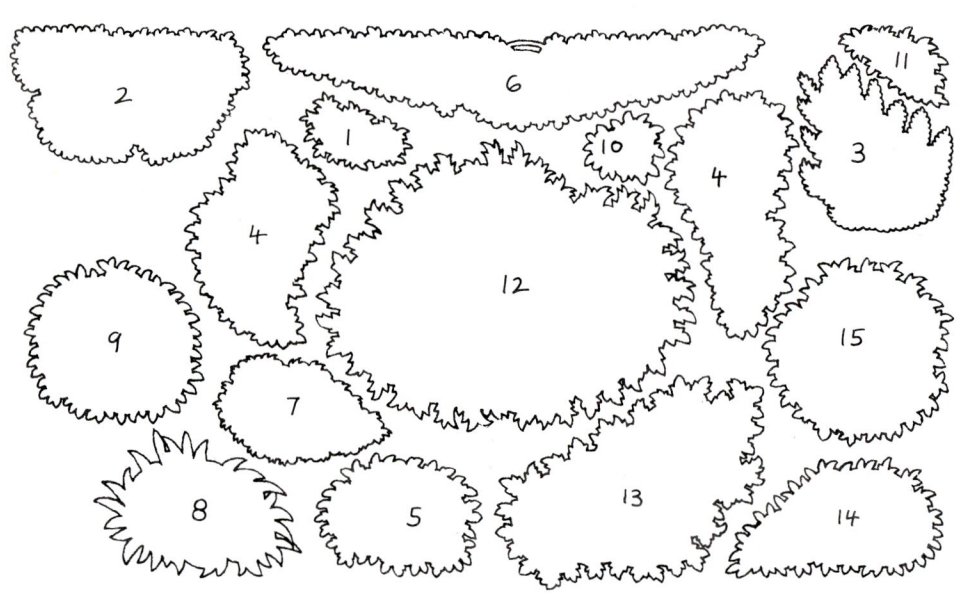

Als allgemeine Unterpflanzung empfohlen: *Narcissus pseudonar-cissus* 'Thalia', *Tulipa praestans* 'Queen of Night', und *Verbena bonariensis.*

Intensive Blau- und dunkle Purpurtöne ergeben im Frühjahr ein ungewöhnliches Farbenspiel, das ganz ohne das Gelb der Narzissen auskommt.

### Früher Blühbeginn

1 *Clematis alpina* 'Frances Rivis' (Alpen-Waldrebe)

### Früher-mittlerer Blühbeginn

2 *Ceanothus impressus* (Säckelblume)
3 *Rosmarinus officinalis* 'Severn Sea' (Rosmarin)
4 *Lunaria annua* (Judas-Silberblatt) mit *Anemone × Japonica*-Hybride 'Honorine Jobert' (mittel-spät) als Unterpflanzung
5 *Viola* 'Huntercombe Purple' (Stiefmütterchen)

### Mittlerer Blühbeginn

6 *Rosa* 'Albéric Barbier' (Kletterrose)
7 *Linum perenne* (Staudenlein)
8 *Iris pallida pallida*, syn. *I. p. dalmatica* (Schwertlilie)
9 *Erysimum* 'Bowles' Mauve' (Schöterich)＊

### Mittlerer-später Blühbeginn

10 *Clematis* 'Perle d'Azur' (Waldrebe)
11 *Clematis × jackmanii* (Waldrebe)
12 *Romneya coulteri* (Baummohn) mit *Myosotis* (Vergißmeinnicht) und *Scilla siberica* (Blausternchen) als Unterpflanzung (beide früh)
13 *Geranium pratense* 'Johnson's Blue' (Storchschnabel)

### Später Blühbeginn

14 *Aster × thompsonii* 'Nanus' (Herbstaster) mit *Anemone blanda* (Balkan-Windröschen, früh) als Unterpflanzung
15 *Ceratostigma willmottianum* (Bleiwurz)

Es ist eine allgemeine Weisheit, daß man Farben, die auf derselben Primärfarbe basieren, wie zum Beispiel Rosa und Purpur oder Rosa und Orange, nicht kombinieren soll. Wenn man diese Regel streng befolgt, entgehen einem aber eine Menge interessanter Farbkombinationen. Nicht jeder wird das Farbspektrum von Zinnien attraktiv finden, denn es umfaßt sämtliche Zwischentöne von Orange bis Purpur. Ich aber liebe es. Zwar verstehe ich, daß einige Leute dieses Spektrum mit seinem grellen Pink, staubigen Rosenrot, verbrannten Orange und Lackrot scheuen mögen, doch ich begreife nicht, warum auch die Kombination von Purpur und Blau ein offizielles Tabu ist. Wenn es ein sattes Purpur ist, kann das Blau von klar bis matt schimmernd variieren und erregt trotzdem bei niemandem Anstoß.

Im Frühjahr, wenn andere Gärten voll von dottergelber Farbe sind, sieht diese Rabatte ungewöhnlich aus. Während des Sommers spielen die cremefarbene Rose 'Albéric Barbier' und die blaue Clematis sozusagen Hausmeister, weil keine anderen Pflanzen zu dieser Zeit blühen, am Ende des Sommers aber bis zum Frost kommt das Beet mit Flecken blauer und weißer Blüten wieder zur Geltung. Dies bedeutet, daß diese Rabatte fünf Monate des Jahres Farbenfülle zeigt – verteilt auf eine Blühperiode im Frühjahr und eine im Spätsommer. Das Beet bietet auch im

Sommer einen kleinen Reiz, wenn die Rose und die unermüdliche Clematis-Hybride 'Perle d'Azur', die wegen ihrer ungewöhnlich langen Blütezeit in diesem Buch noch häufiger erwähnt wird, in Blüte stehen.

Zwiebelpflanzen sind ein wichtiger Bestandteil der Pflanzung, weil sie frühe Farbe spenden. Die *Scilla* müssen allerdings jedes Jahr neu gepflanzt werden, sie fühlen sich unter dem schweren Mantel der *Romneya coulteri* nicht wohl. Die Anemonen dürften überleben, wenn man sie in nährstoffreichen, aber gut durchlüfteten Boden setzt, den im übrigen auch die schwarzpurpurfarbenen Tulpen brauchen. Wenn Sie die Tulpen tief setzen, können Sie darauf vertrauen, sie über Jahre zu behalten. Vor dem Hintergrund des sattblauen *Ceanothus* und der blaßblauen frühen Clematis 'Frances Rivis' sehen sie phantastisch aus. Gleichzeitig dürfte der leuchtendste aller Ros-

*Erysimum* 'Bowles' Mauve'

(Schöterich)

Dieses Beet hat einen zweiten Flor mit vielen weißen Blüten der *Romneya coulteri* und der Anemonen.

*Geranium pratense*

'Johnson's Blue'

marine, 'Severn Sea' noch mehr Blau spenden. Dieser Rosmarin ist besonders kälteempfindlich, ist aber wegen seiner ägäisch blauen Blüten, die häufig sowohl zu Beginn als auch am Ende des Jahres erscheinen, einen Versuch in einem warmen Winkel wert. In der purpurfarbenen Gruppe blüht wochenlang *Erysimum* 'Bowles Mauve', sobald es wärmer zu werden beginnt. Der Schötterich ist eine hübsche graue Staude, kann aber unter dem Gewicht des Alters auseinanderfallen, so daß man besser jedes Jahr im Frühjahr Stecklinge nimmt, um die Mutterpflanze im Herbst ersetzen zu können. Wenn Platz wäre, würde ich wegen seiner purpurfarbenen Blüten *Abutilon* x *suntense* noch mit in die Pflanzung hineinnehmen. Aber die Fläche ist dafür zu klein. *Lunaria*, das Silberblatt bringt uns in Verlegenheit. Eine sehr dunkle purpurfarbene Sorte paßt zur Stimmung der Pflanzung, aber wenn Ihnen das ganze zu trübselig wirkt, sollten Sie die buntlaubige weiße Form wählen. *Lunaria* und weiße Spätsommer-Anemonen müssen ihr Quartier miteinander teilen: Sobald die *Lunaria*-Samen abgereift sind, reißen Sie die Pflanzen mit den Wurzeln heraus, weil sie sehr mehltauanfällig sind. Heben Sie aber das Saatgut auf und säen Sie es für das folgende Jahr aus.

*Viola*

'Blue Gem'

*Felicia amelloides*

An jedem verfügbaren Fleckchen Erde können Vergißmeinnicht wachsen. Zwischen ihnen und an allen möglichen Stellen in den Rabatten sollten selbstausgesäte Akeleien in Marineblau-Purpur stehen. Erfahrenen Gärtnern dürfte es gelingen, die reinblaue *Aquilegia alpina* zu erhalten und zu vermehren. Diese Akelei wirkt längst nicht so düster wie ihre Verwandten, muß aber mit Hingabe gepflegt werden.

Das Blau- und Purpurthema kann mit *Geranium* 'Johnson's Blue' und *Viola* 'Huntercombe Purple' über das Frühjahr hinaus ausgedehnt werden. Der luftige, mehrjährige blaue Staudenlein (*Linum perenne*) ist kurzlebig, aber es lohnt sich, ihn zu pflanzen. Im Spätsommer preschen »die Goldenen Horden Dschingis Khans«, die Blüten des Baummohns, vor. Aber die *Romneya coulteri* ist so atemberaubend, daß man ihr die Neigung, andere Pflanzen zu unterdrücken, verzeihen kann. Leider ist sie nicht frostfrei und übersteht unsere Winter nur mit ausreichendem Schutz vor Kälte und Nässe. Auch die japanischen Anemonen, die genauso vorherrschend sind, verabschieden den Sommer mit ihren vielen weißen Blüten. Dies mag für einige, die meine Vorliebe für die dunklen Purpurblautöne nicht teilen, eine Erleichterung sein.

*Scilla siberica*

'Atrocaerulea'

*Iris pallida pallida*

(syn. *I. p. dalmatica*)

*Viola*

'Huntercombe Purple'

# Blau mit Silber und Apricot

## Früher-mittlerer Blühbeginn

1 *Eremurus spectabilis* (Steppenkerze)*
   oder *Onopordum acanthium* (Eselsdistel)
2 *Nectaroscordum siculum*, syn. *Allium siculum*

## Mittlerer Blühbeginn

3 *Rosa* 'Alchymist'
4 *Artemisia arborescens*' oder *Teucrium fruticans* (Edel-Gamander)
5 *Eryngium* x *oliverianum* (Edeldistel)
6 *Digitalis purpurea* 'Sutton's Apricot' (Fingerhut)
7 *Nepeta* x *faassenii* 'Six Hills Giant' (Katzenminze)
8 *Stachys byzantina* 'Silver Carpet' (Wollziest)
9 *Limnanthes douglasii* (Sumpfblume)
10 *Iris pallida pallida*, syn. *I. p. dalmatica* (Schwertlilie)
11 *Hosta plantaginea* (Lilienfunkie)

## Mittlerer-später Blühbeginn

12 *Acanthus balcanicus*, syn. *A. longifolius*
13 *Buddleja fallowiana* 'Lochinch' (Schmetterlingsstrauch)
14 *Rosa* 'Gloire de Dijon' (Kletterrose)
15 *Hibiscus syriacus* 'Blue Bird' (Rosen-eibisch) mit *Chinodoxa luciliae* (Schneestolz, früh) als Unterpflanzung
16 *Crocosmia* 'Citronella' (Montbretie)
17 *Geranium wallichianum* 'Buxton's Variety' (Storchschnabel)
18 *Rosa* 'Pearl Drift' (Buschrose)
19 *Convolvulus sabatius*, syn. *C. mauritanicus* (Blaue Mauritius)'
20 *Mimulus aurantiacus* (Gauklerblume)*

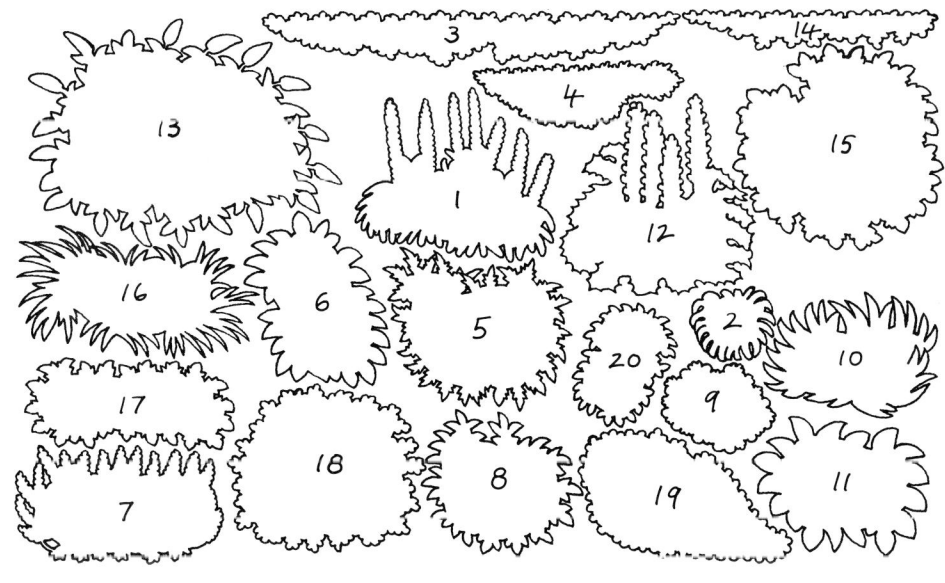

Als allgemeine Unterpflanzung empfohlen: *Narcissus* 'W.P. Milner' und *Tulipa* 'Purissima'

Blau zwischen silbernen Blättern und einem Hauch Apricot oder warmem Gelb ergibt ein völlig anderes Bild als die Kombination von Blaßblau und Gelb in der Rabatte auf Seite 94, obwohl sie oberflächlich betrachtet ähnlich zu sein scheint. Hier kommt eher Sattheit als Klarheit der Farben zum Ausdruck, und dies ist eine der wenigen Farbzusammenstellungen, die nicht durch moderne Backsteine beeinträchtigt werden können. Während der kalten Monate mag nur wenig zu sehen sein, aber den ganzen Sommer über triumphieren die gewählten Farben in ihrer ganzen Pracht und Herrlichkeit.

Mehrere Pflanzen wurden ihrer langen Blühzeit wegen gewählt. Vom Spätsommer bis zum Herbst sind der *Hibiscus* und die *Buddleja* mit blauen Blüten überladen. Die niedrigwachsende *Convolvulus sabatius* ist im Sommer selten ohne eine blaue Blüte zu sehen, und Katzenminze ist ähnlich zuverlässig. Mit Ausnahme der Katzenminze brauchen diese Hauptstützen der Gruppierung Wärme und Schutz, um sich gut entfalten zu können. Für kalte Standorte sind sie nicht geeignet; an einen solchen Ort gepflanzt sind ihre Überlebenschancen zumindestens etwas höher, wenn der Boden gut durchlüftet ist.

Auch Rosen sind zuverlässige Blüherinnen, vor allem die niedrigwüchsige 'Pearl Drift', die glänzende Blätter und flache, rosaweiße Blüten hat. Sie und die Sorte 'Alchymist' verbinden das Aussehen der Alten Rosen mit der modernen Eigenschaft einer langen Blühzeit. 'Alister Stella Gray', auch als 'Golden Rambler' bekannt, ist eine der wenigen Alten Rosen (sie stammt aus dem Jahr 1894), die wiederholt im Jahr blüht, und 'Gloire de Dijon' ist ebenso produktiv. Gemischte Sommerrabatten sind ohne Rosen, die jeder Pflanzung Zartheit verleihen, unvollständig.

Silbrige Farben erhalten die Blautöne lebendig. Die Blätter der *Buddleja* sind auf der Unterseite weiß, und die *Stachys* bildet im vorderen Teil der Rabatte einen grauen Wollteppich. Diese Form hat große Blätter und blüht nie, was gegenüber der Ursprungsform eine Verbesserung darstellt. Die *Artemisia arborescens* im Hintergrund wird es nur vor einer sehr warmen Mauer gelingen, durch die Stiele der Rose zu klettern. Eine kälteverträglichere, wenn auch weniger silbrige Alternative ist *Teucrium fruticans*. Sich selbst überlassen wird es ein unordentlicher Busch, aber es kann an einer Mauer emporgezogen werden und bringt dann den ganzen Sommer über kleine blaue Blüten zwischen den grauen Blättern hervor. Später im Jahr erscheinen am *Eryngium* metallischblaue Distelblüten. Vertikale Akzente werden durch das seltsame grünliche *Nectaroscordum siculum*, den apricotfarbenen Fingerhut und die lilafarbenen Blütenähren des edlen *Acanthus* gesetzt. Weiter vorn bilden die bläulichgrünen schwertförmigen Blätter der *Iris pallida* eine willkommene Unterbrechung, die sich auch in den grünen Schäften der gelborangen *Crocosmia* wiederfindet. Der Lilienschweif, eine

*Nepeta* 'Six Hills Giant'

(Katzenminze)

*Convolvulus sabatius*

(syn. *C. mauritianicus*) (Blaue Mauritius)

nicht gerade anspruchslose Pflanze, hat ebenfalls schweifförmige Blätter. Wegen seiner großen Ähren bernsteinfarbener Blüten, die im Frühsommer erscheinen, ist er einige Anstrengungen wert, ihn zu ziehen. Ebenso spektakulär, aber nicht so raffiniert, wäre an dieser Stelle eine einzelne Eselsdistel. Diese aufregende silberne zweijährige Pflanze beginnt schäbig auszusehen, wenn sie in Blüte steht. Deswegen entfernt man sie am besten, noch bevor sie ihren Glanz verliert und in sich zusammenfällt, um dem *Eryngium* Platz zu schaffen. Die Eselsdistel läßt sich leicht aus Samen heranziehen.

Die blaßgrünen Blätter der *Hosta plantaginea* bilden einen anderen, aber nicht minder wichtigen Hintergrund für die anderen Farben. Funkien sind Ruhepunkte in einer Rabatte, mögen aber im allgemeinen keine heißen Standorte. Die einzige Ausnahme bildet *Hosta plantaginea*, die Lilienfunkie, die im Spätsommer duftende weiße Blüten ausbildet.

*Rosa*

'Alchymist'

*Clematis*

'Jackmanii Superba'

*Stachys byzantina*

(syn. *S. olympica*)

*Nectaroscordum siculum*

Das Frühjahr beginnt den Blütenreigen des Jahres mit den gelblichen Rosatönen der Rosen und dem apricotfarbenen Fingerhut, der über die runden Blatthügel herausragt. An der Mauer schauen hinter den Blütenständen der Steppenkerze *(Eremurus)* die samtig-apricotfarbenen Blüten der Rose 'Gloire de Dijon' hervor. Diese Rose war in viktorianischer Zeit wegen ihres Duftes und ihres lockeren, verzweigten Wuchses sehr beliebt. Sie ist nicht so kräftig wie die später blühende, mehr ins Gelbe gehende Sorte 'Alister Stella Gray'.

Im Spätsommer, wenn kühle Farben sehr willkommen sind, entfaltet diese Rabatte in blauen und blassen Apricottönen ihre Wirkung. *Hibiscus* und *Buddleja* beherrschen die Pflanzung, aber auch silbrige Blätter und cremefarbene Rosen sind wichtige Bestandteile dieser Gruppierung. Derweil verleihen ihr die architektonischen Säulen des *Acanthus* zusätzlich eine gewisse Erhabenheit. Dies Gruppe eignet sich für einen sonnigen Winkel, im Winter gehört sie allerdings zu den Kombinationen, die eher unscheinbar sind.

*Chinodoxa luciliae*

(Schneestolz)

# *Blaue einjährige Pflanzen*

### Früher Blühbeginn
1 *Iris pallida pallida*, syn. *I. p. dalmatica* (Schwertlilie)

### Mittlerer Blühbeginn
2 *Anchusa capensis* 'Blue Angel' (Ochsenzunge)*
3 *Nemophila menziesii*, syn. *N. insignis* (Hainblume) oder *Nigella damascena* 'Miss Jekyll' (Jungfer im Grünen)
4 *Viola* 'Boughton Blue'
5 *Veronica austriaca teucrium* 'Blue Fountain' (Ehrenpreis)
6 *Dianthus* 'Musgrave's Pink' (Alte Nelke) oder *Dianthus* 'Haytor White' (Moderne Nelke)

### Mittlerer-später Blühbeginn
7 *Felicia amelloides* (Kap-Aster) oder *Aster* x *thompsonii* 'Nanus' (Herbstaster, spät)
8 *Phacelia campanularia*
9 *Echium lycopsis* 'Blue Bedder', syn. *E. plantagineum'* (Natternkopf)

### Später Blühbeginn
10 *Cerastostigma plumbaginoides* (Bleiwurz)*

### Dauerhafter Schmuck
11 *Rosmarinus officinalis* 'Miss Jessopp's Upright' (Rosmarin)*

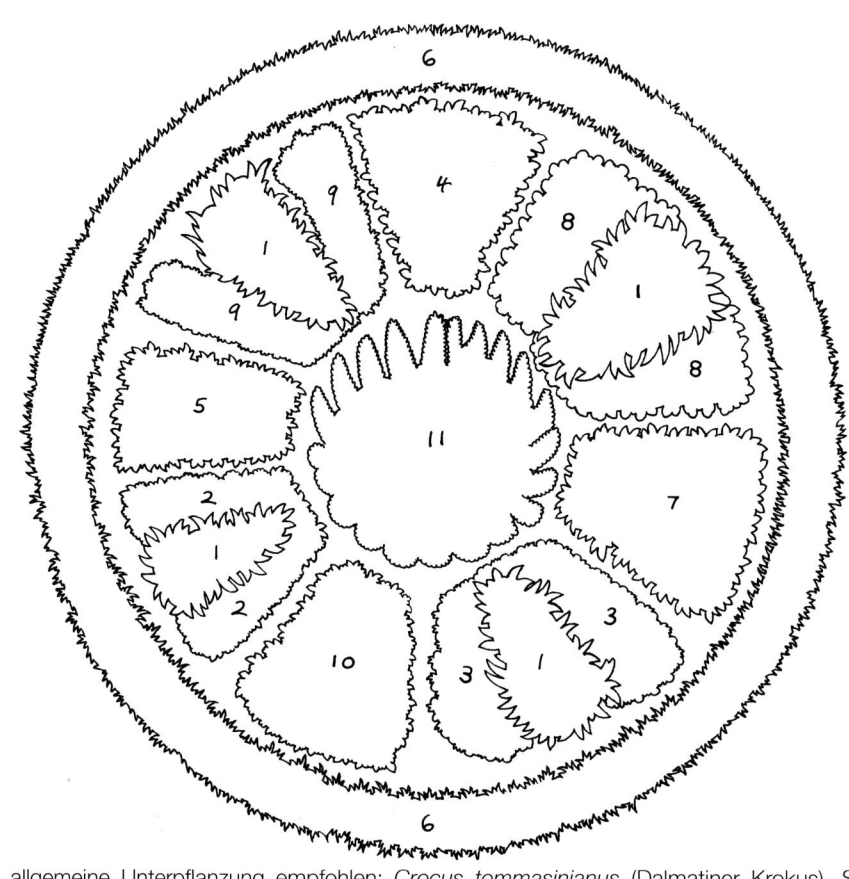

Als allgemeine Unterpflanzung empfohlen: *Crocus tommasinianus* (Dalmatiner Krokus), *Scilla siberica*, *Tulipa* 'Schoonoord' und *Myosotis* 'Blue Ball' (Vergißmeinnicht)

Stauden sind so teuer, daß ich mich immer frage, warum Menschen, die viel Farbe in ihrem Sommergarten mögen, nicht versuchen, einjährige Pflanzen gruppenweise zwischen langblühenden, mehrjährigen Pflanzen zu ziehen. Dieses runde Blumenbeet wurde durch eine ähnliche Pflanzung am Crathes Castle in Schottland angeregt, wo Rabatten mit einjährigen Pflanzen Tradition haben. Auch das an der schottischen Westküste gelegene Inverewe ist berühmt für schöne Rabatten mit einjährigen Pflanzen, in denen gelegentlich die hier eingesetzten blaublütigen *Echium*, *Nemophila* und *Nigella* sowie andere ausdauernd blau blühende Sommerlieblinge wie Kornblumen zwischen goldenen *Nasturtium* verwendet werden. Wenn man das Blau nach den Grundsätzen der Farbenkünstler intensivieren wollte, könnte eine Mischung von Cremegelb und Blau als Grundlage für eine Variation des hier gezeigten Planes dienen, der ein einfaches Farbrad aus Blau- und Grautönen ist.

Im Zentrum des Kreises steht der Rosmarin 'Miss Jessopp's Upright', ein ungewöhnlich schöner zylindrischer, immergrüner Strauch mit wässrig-blauen Blüten im Frühjahr und manchmal noch einmal im Herbst. Wie alle Rosmarine muß er jährlich, am besten wenn die Blüten verwelken, zurückgeschnitten werden, damit er an der Basis nicht zu sehr verkahlt.

Einjährige Pflanzen geben wenig Struktur, aber die Form des Beetes gleicht diesen Nachteil aus und gibt den Pflanzen einen kräftigen Rahmen. Die Höhe des Rosmarins und der Saum aus langblühenden *Dianthus* 'Haytor White' tragen ebenfalls zur Strukturierung bei. Wäre der

Kreis größer, könnten die Nelken wie Radspeichen zur Mitte geführt werden, um jeder Pflanze ihr eigenes Feld zu geben. Hier sind die *Iris pallida*-Gruppen ein guter Ersatz für kleine Hecken: Sie durchbrechen den Blauteppich, und ihre lilafarbenen Blüten bilden einen Übergang von den Tulpen zu den einjährigen Pflanzen. Es sind ihre gräulichen Blätter, die sie so sehr wertvoll machen: *Iris pallida* ist die einzige Iris, die garantiert den ganzen Sommer über ansehnlich aussieht.

Die ausdauernden Tuffs niedrigwüchsiger blaublühender Pflanzen sind fast alle zuverlässig und langblühend. Die *Felicia* ist nicht winterhart, aber es ist kein Problem, im Herbst ein oder zwei Stecklinge zu nehmen. Sie wurzeln leicht und halten sich auf der Fensterbank in der Küche. Wem das vielleicht zu unsicher oder mühsam klingt, kann *Veronica* oder die kleine, spätblühende *Aster* x *thompsonii* 'Nanus' nochmals pflanzen, obwohl diese eigentlich ein bißchen zu rötlich ist, um neben den reinen Blautönen der anderen Pflanzen zu stehen.

Die *Viola* 'Boughton Blue' bevorzugt einen vor direktem Sonnenlicht geschützten Standort und sollte in den Schatten des Rosmarins gepflanzt werden. Das Stiefmütterchen blüht drei Monate lang, wonach sie aber eine Zwangspause braucht: Die können Sie ihr verschaffen, indem Sie die Pflanze bis auf den Boden zurückschneiden. Wenn Sie sie anschließend in Trockenperioden sehr gut gießen und sie gut mit Flüssigdünger versorgen, blüht sie vor Ablauf eines Monats schon wieder.

Alle hier angeführten einjährigen Pflanzen können problemlos im Frühjahr direkt ins Freie oder schon im Herbst in ein geschütztes Frühbeet ausgesät werden, so daß sie sich im neuen Jahr zügig entwickeln. Den Rosmarin müssen Sie im Winter vor starkem Frost schützen. Im Weinbauklima mag ein Schutz aus Reisig und Laub genügen, in kälteren Gegenden graben Sie den Rosmarin mit großem Wurzelballen aus, setzen ihn in einen Blumentopf und überwintern ihn kühl, aber frostfrei. Nach diesem Plan dürfte man sich im Frühjahr an den frühen Kro-

kussen, gefolgt von zwischen einigen Vergißmeinnicht gesetzten *Scilla* und der gefüllten weißen Tulpe 'Schoonoord' erfreuen. Drei Wochen nachdem diese geblüht haben, sollten die einjährigen Pflanzen direkt in den Boden gesät werden. Dieser Umbruch müßte zeitlich mit der Iris- und Rosmarinblüte zusammentreffen. Auch die Stiefmütterchen sind während der Entwicklung der einjährigen Pflanzen ein attraktiver Blickfang. Die »schnellste« einjährige Pflanze ist *Phacelia*: Sie blüht garantiert sechs Wochen nach der Aussaat. Die übrigen Pflanzen brauchen etwas länger, blühen aber später gemeinsam mit der *Felicia* bis zum Ende des Sommers.

Es ist sehr wichtig, verwelkte Blüten auszukneifen, denn wenn die Pflanzen Samen ansetzen, werden zunächst weniger und schließlich überhaupt keine Blüten mehr gebildet. Das Ausputzen ist eine unangenehme Arbeit, aber der Mühe wert, denn als Dank wird das Beet viel origineller und vor allem auch üppiger sein als mit den üblichen Geranien und Lobelien.

*Veronica*

'Bluo Fountain'

Dieses runde Beet am Crathes Castle inspirierte das blaugraue Farbrad auf dem Bild gegenüber.

# Rottöne

**A**lle Rottöne verleihen einer Rabatte Dramatik. Scharlach-, Karmesin-, Magenta-, Kirsch- und Orangerot bringen Leben in eine Pflanzung, denn Blumen in diesen Farben sind aufregend. Ihre lebhaften Schattierungen verlangen nach Aufmerksamkeit: Rottöne sind nichts für friedvolle Anlagen.

Knallige Rot- und Rosatöne haben den gegenteiligen Effekt von Blautönen im Garten: Benutzen Sie diese Farben, um eine Pflanzung zu beleben, aber nicht, um zu beruhigen oder zu besänftigen.

Die berühmten Roten Rabatten in Hidcote leben von einer Palette leuchtender Rottöne. Sie ergeben eine originelle und aufsehenerregende Komposition, sind aber in dieser Zusammenstellung vielleicht nicht jedermanns Geschmack für weniger große Flächen.

Es läßt sich leicht über die emotionalen Werte einer Farbe streiten, und viele Menschen glauben nicht daran, daß ein bestimmter Farbton eine bestimmte Stimmung hervorrufen kann, daß gelbe Blumen zum Beispiel Menschen eher fröhlich stimmen, oder daß blaue Blumen geheimnisvoll scheinen. In ihrer Sicht befaßt sich das Studium der Farbe mit dem Verhältnis von einem Farbton zum anderen und nichts anderem. Es könnte sie vielleicht reizen, über die Kombination von beispielsweise Rosa und Blau nachzudenken, um damit eine attraktive Rabatte zu schaffen, aber Behauptungen, daß Farbe die Psyche erreichen kann, lassen sie kalt. Werbefachleute wissen es besser: Sie vertrauen ständig darauf, daß Farbe eine unbewußte Beeinflussung ausübt. Grün wird dazu benutzt, die Menschen von der Frische eines Produktes zu überzeugen, Orange oder Rot dagegen sollen sie in Aufregung versetzen. Auf einer anderen Ebene haben westliche Maler traditionell Blau benutzt, um das Geistige anzudeuten, wohingegen Rot die Farbe vergänglicher Macht ist. Wenn sich dies auf Blumen angewandt weniger überzeugend anhört, denken Sie an Rot. Wenige Menschen können behaupten, sich im Angesicht einer roten Rabatte entspannt zu fühlen. Rote Blumen können verblüffen, anregen oder beeindrucken, aber selten besänftigen.

Rechts:
Diese leuchtende Kombination von Primärfarben – *Papaver orientale* 'Avebury Crimson' und die blaue Ochsenzunge *(Anchusa)* – hätten das Herz der viktorianischen Gärtner erfreut. Für den moderneren Geschmack aber mag die Kombination vielleicht zu kräftig sein.

Wo es an ruhigeren, kühleren oder schöneren Pflanzungen nicht mangelt, können rote Rabatten eine überraschende Erscheinung sein, wie zum Beispiel in Hidcote. Aber mit dieser Art aufregenden Effekts läßt sich nicht leicht tagaus tagein leben. Eine rein rote Rabatte ist witzig, wenn Sie in einem anderen Teil des Gartens Frieden finden, könnte aber in einer kleinen Gartenanlage erschlagend sein. Eine Mischung von Rottönen verlangt nach Aufmerksamkeit und läßt sich schwerlich ignorieren.

Daß Rot gegen das durchschnittliche Grün des Sommerlaubes besonders grell wirkt, ist etwas problematisch. Vergleichen Sie einen *Ilex*, dessen Beeren vor einem schwarzgrünen Hintergrund erscheinen, mit einem Beet scharlachroter Geranien, und Sie werden feststellen, daß das Rot der Geranien das Auge wesentlich mehr aufreizt als das Scharlachrot der Beeren. Dies liegt daran, daß das Blatt der Geranien viel Gelb enthält: Blautöne besänftigen und kühlen die Rottöne, wohingegen Gelbtöne sie noch aufregender machen. Wenn Sie also Sorten mit bläulichem Laub wählen, können Sie sich des Scharlachrots erfreuen, ohne daß Ihnen die Augen weh tun.

Rottöne sind eigensinnig und beißen sich mit Blattfarben, die zu viel Gelb enthalten. Hier schmeicheln die dunkelpurpurnen Blätter der Dahlie 'Bishop of Llandaff' (ganz links) und das Purpur der Rotbuche den Lobelien und Dahlien in ihrem schreienden Scharlachrot.

Blau ist unbeschwerter als Rot und neigt zu einer beruhigenden Wirkung. Aber hellblauer Rittersporn mit scharlachrotem Mohn, zwei Primärfarben in ihrer vollen Kraft in einem Blumenbeet kombiniert, sind immer noch eine ziemlich gewagte, ungewöhnliche Komposition.

Roter Mohn kann in Kombination mit einem blauen Element wie zum Beispiel in den purpurfarbenen Blättern von *Heuchera* 'Palace Purple' für das Auge angenehmer sein, als in Kombination mit einer anderen Primärfarbe.

Die Kapuzinerkresse, *Tropaeolum majus* 'Empress of India', ist ein gutes Beispiel für diese dämpfende Wirkung: Wenn Sie diese Sorte mit dunkelgrünen Blättern neben eine mit derselben Blütenfarbe, aber hellgrünem Laub setzen, sehen Sie, welch einen Unterschied ein leicht bläulichgrüner Hintergrund für die Wirkung der lackroten Kapuzinerkresse macht.

Rot ist eine »streitsüchtige« Farbe, und wenn sie mit den anderen Primärfarben abgetönt wird, hält man die entstandenen Farbnuancen lieber auseinander. Dies gilt allerdings weniger für Blau. Wenn Blau mit Gelb gemischt wird, um ein grünliches Blau entstehen zu lassen, und mit Rot, um ein trübes Violett zu schaffen, vertragen sich die entstehenden Blautöne durchaus, vor allem wenn man sie gegen einen grünen Hintergrund betrachtet. Ein ähnliches Vorgehen mit Gelb-Rot- und Blau-Rot-Mischungen wäre unter Umständen verheerend. Diese Farben können sogar in ihren dunkelsten Schattierungen unangenehme oder überraschende Nachbarinnen sein. Eine satt-rosa Rose wie zum Beispiel die Zentifolien-Rose 'Constance Spry' würde durch eine Unterpflanzung mit Ringelblumen nicht aufgewertet. Mit der Rosensorte 'Albertine', die ins Kupferfarbene spielt, wäre die Kombination weniger schrill. Manchmal kann man gelbliche Rottöne mit sehr dunklen, fast schwarzen Blau-Rot-Tönen mischen, die man bei der Kletterrose 'Guinée' oder dem nach Schokolade duftendem *Cosmos atrosanguineus* (Schmuckkörbchen) findet, weil die Intensität dieser Farben unterschiedlich ist.

Farben des Sonnenuntergangs brauchen viel Rot, um das Gelb zu mäßigen. In dieser Komposition reicht es nicht ganz, aber wo die Spuren von Rot erscheinen, können Sie sehen, daß sie das blendende Licht des Goldes und die Frische der blasseren Gelbtöne dämpfen.

Blaßrosa verstärkt diese samtigen Kastanienbrauntöne besser als Lachsrosa. Der blaßlachsrosa *Dianthus* 'Doris' ist beliebt, schmeichelt aber zum Beispiel den Alten Rosen, denen es an Gelb mangelt weniger als denen, deren Blütenblätter ein paar lachsfarbene Streifen aufweisen. Gärten werden häufiger für Erholungszwecke als zur Anregung entworfen. Die Kombination grellrosa- und orangefarbener Blumen im einem Beet entspricht sicher nicht jedem Geschmack, und solch leuchtende Farbtöne passen selten in gemäßigte Zonen, wo das vorherrschende Licht weich ist. Aber im grellen Licht der Mittelmeersonne wirken solche Farbzusammenstellungen oft gut. Wie die Menschen in tropischen Regionen dazu neigen, buntere Kleidung zu tragen, so können es sich auch die Gärten dort leisten, unter der heißen Sonne riskante Kombinationen einzugehen. Gauguin-Farben passen vielleicht nicht in mitteleuropäische Gärten, wo Pastellfarben scheinbar am besten aussehen, aber in einer exotischen Umgebung können sie wundervoll wirken.

Links: Rosatöne sind vielseitiger und für das moderne Auge angenehmer. Wo man sie dominieren läßt wie in dieser Gruppe, bannen wenige rote Blüten wie die der *Chrysanthemum coccineum* (Pyrethrum) im Hintergrund die Gefahr, daß das Bild zu langweilig wird.

Die Gauguin-Farben der voll in Blüte stehenden Azaleen und zahlreicher Etagenprimeln geben diesem englischen waldähnlichen Garten eine exotische Note.

Die scharlachrote *Lychnis chalcedonica* verbindet ein aufregendes Aufblitzen von Rot mit dem Magentarot ihrer »Cousine« *L. coronaria*, deren eigene Farbe durch ihre silbrigen Blätter abgeschwächt wird. Die malvenfarbige *Linaria* (im Vordergrund links) spendet dagegen einen kühlen Hauch von Blau.

In traditionellen Gärten, in denen das Aufeinanderprallen knalliger Farben unangebracht scheint, ist es passender, vertiefte Farben zu verwenden. Denken Sie an die satten Farbtöne von Kardinalsgewändern oder an scharlachrote und schwarze Uniformen: Sie strahlen Würde aus und fordern Ehrfurcht. Im Gegensatz dazu erinnern die leuchtende Rosa- und Orangetöne mehr an einen fröhlichen Zirkus. Scharlachrote und purpurfarbene Blumen können sich in einem großen Garten großartig darstellen, auf kleinen Flächen jedoch erdrücken. Auf einer begrenzten Fläche wirken die Farben Karmesinrot und Rosa, die typisch sind für Cottagegärten, die Gärten der kleinen englischen Landhäuser, viel behaglicher, und es ist interessant, die Wirkung dieser verschiedenen Kombinationen im selben Farbtonbereich einmal genau miteinander zu vergleichen.

Sanft und anspruchslos, ist Rosa traditionell eine Farbe für weibliche Babys und Engel. Rosa ist »zu gut, um wahr zu sein«. Im Übermaß kann sogar das Harmlose widerlich sein, und Pastelltöne, die nicht von einer kühneren Farbe unterstützt werden, sehen im Garten blaß aus. Im Frühsommer, wenn das Rosa häufig überwiegt, müssen Sie vorsichtig sein. Aber Pastelltöne können mit leuchtenden Tönen gewürzt und durch Hinzufügen dunklerer Farben aus demselben Bereich zum Leben erweckt werden. Dies ist eine originellere Art und Weise, mit ihnen umzugehen, als die bekannte Technik, leuchtende Farben mit Hilfe von blassen abzuschwächen. Bartnelken (*Dianthus barbatus*) sind ein gutes Beispiel für diese Art von Farbkombination innerhalb eines Bereiches. Rosa, Weiß und Karmesinrot werden hier gemischt. Die entstehende Mischung ist viel schwingender, als wenn dieselben Farben nach her-

Die purpurgefärbten Rottöne der Alten Rosen und Nelken wirken in der Gesellschaft des weißen Fingerhuts weniger düster. Er zeigt hier seine geheimnisvolle Fähigkeit, vor einem dunklen Hintergrund zu schweben, als habe er kein Gewicht.

Diese Kombination der roten *Anemone fulgens* mit dem Grün der *Euphorbia wulfenii* hat etwas mit der Wirkung von *Ilex*-Beeren gemein, denn die *Euphorbia* hat wie die *Ilex* viel Blau in ihren Blättern.

kömmlicher, großflächiger Art angeordnet wären. Eine Pflanzengruppe, bestehend aus einer satt-karmesinroten Rose wie zum Beispiel 'Mme Isaac Pereire', mit zwei Stiefmütterchensorten in Lavendelrosa und Weiß zu ihren Füßen, könnte diese zweite Methode veranschaulichen. Hier fließen die Farben getrennt nebeneinander und wirken viel ruhiger. In einer gemischten Anordnung wie bei den Bartnelken wirken sie heller und frischer, wie etwa ein Stück getupfter Stoff. Wenn Sie sich den Unterschied zwischen einem Baumwollstoff mit großen rosa, roten und weißen Farbflecken und einem mit gleichfarbigen Tupfern bildlich vorstellen, haben Sie eine Ahnung davon, wie die Farben das Bild in einem Blumenbeet beeinflussen und verändern können.

Noch gezielter setzt man Rot als isolierten Akzent ein. So wie man bei Weiß und Gelb darauf vertrauen kann, daß sie eine Rabatte aufhellen, so kann Rot eingesetzt werden, um einer Pflanzung Leben einzuimpfen. Wie der »coup de rouge« in der Malerei kann ein Hauch von Rot eine trübe Rabatte in Schwung bringen. Innenarchitekten setzen häufig Rot in einem Raum ein, um ihn lebendiger zu gestalten, und dasselbe Prinzip ist im Garten anwendbar. Rot ist ein Stimulans für das Auge. Aber wie mit allen Stimulantien muß man behutsam und respektvoll mit ihm umgehen. Jedes »Zuviel« würde die Wirkung verderben.

Oben und rechts: Das Miteinander der Primärfarben Blau und Rot ist im Frühjahr besser zu verkraften als im kräftigeren Licht des Sommers, weil das Frühlingslicht alle leuchtenden Farben weicher erscheinen läßt. Auf dem Photo der gegenüberliegenden Seite werden das leuchtende Blau und Rot von Rittersporn und Mohn im Sommer durch Weiß abgeschwächt, das unverträgliche Farben stets zu trennen vermag.

# Kräftige Rottöne

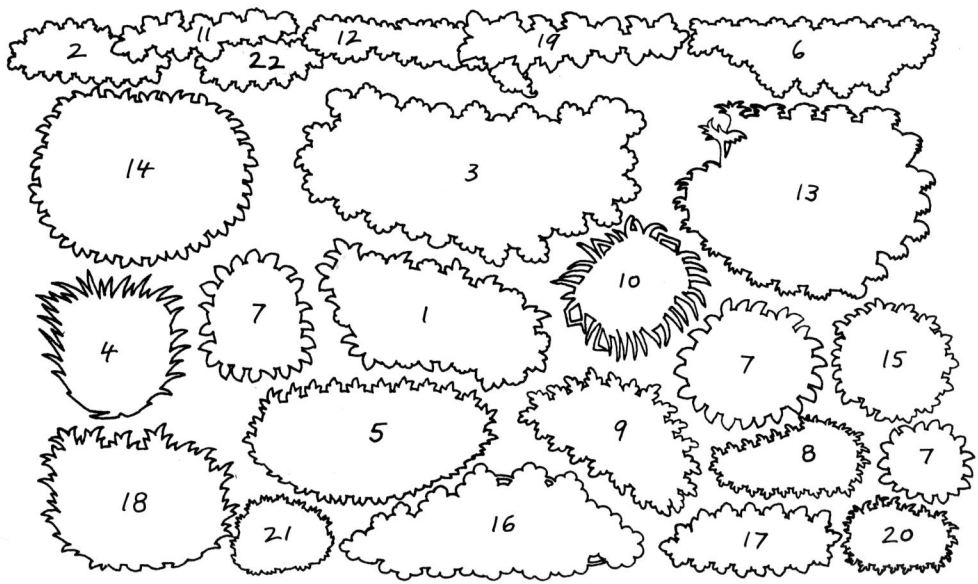

Als allgemeine Unterpflanzung empfohlen: *Tulipa* 'Generaal de Wet' und *Tulipa praestans* (Wildtulpe)

Die satten Rot- und Purpurtöne von Kardinalsgewändern inspirierten diese Blumengruppe. Die gewählten Pflanzen brauchen Schutz und Wärme, um sich optimal zu halten. *Phygelius* ist nicht winterhart und wird am besten jedes Jahr neu aus Stecklingen vermehrt, die im Spätsommer geschnitten und bei 10° C überwintert werden. Auch *Kniphofia* braucht im kalten Winter eine Decke aus Laub oder Reisig. Eine Backsteinmauer oder eine kupferfarbene Rotbuchenhecke könnte der Pflanzung gute Rückendeckung bieten. Alternative Pflanzen für kühlere Standorte sind *Polygonum amplexicaule* und *Hemerocallis* 'Stafford', die, obwohl weniger aufregend als die beiden anderen Arten, über lange Zeit Blüten in der richtigen Farbe hervorbringen. Es wäre allerdings schade, auf die *Kniphofia* verzichten zu müssen, denn ihre schmalen bläulichen Blätter sehen im Winter schön aus. Mit den farbigen Stielen und Hagebutten der *Rosa moyesii* und den purpurfarbenen Blättern des Salbei bildet sie eine ansehnliche Gruppe. Purpurfarbenes Blattwerk kommt in dieser Pflanzung überall vor. Es muß aber kontrolliert eingesetzt werden, damit es die klaren Rottöne nicht überdeckt. Der Salbei, der Wein und die *Heuchera* wuchern allesamt, so daß es ständiger Wachsamkeit bedarf, um die Mischung im richtigen Gleichgewicht zu halten. Der purpurfarbene Salbei sollte nach dem letzten Frost stark zurückgeschnitten und muß wahrscheinlich alle drei Jahre neu gepflanzt werden. Die einzelne scharlachfarbene Dahlie 'Bishop of Llandaff' hat ebenfalls purpurfarbene Blätter und setzt in dieser Gruppierung einen weiteren dunklen Akzent. Die Dahlienknolle wird frostfrei überwintert, ansonsten liebt die Pflanze üppige Kost und braucht in

*Crocosmia* 'Lucifer'

(Montbretie)

Die Scharlach- und Purpurtöne von *Kniphofia*, *Lobelia cardinalis*, *Berberis* (Berberitze) und *Heuchera* 'Palace Purple' ergeben eine ausgewogene Komposition aus satten Farben. Fügte man noch mehr Purpur zu dieser Gruppe hinzu, könnte es dominieren und die Rottöne hinausdrängen.

trockenen Sommern reichlich Wasser, um gut zu blühen. Die Blütenmitten werden mit der Zeit gelb, und einige Leute ziehen es vor, die alternden Blüten früh zu entfernen, um das reine Rot nicht zu verwässern. Andere sind vielleicht weniger penibel, aber denken Sie immer daran, daß Details wie diese beachtet werden müssen, wenn konzentrierte Effekte gewünscht sind.

Damit die Pflanzen in den Farbrabatten auch wirklich in der passenden Farbe zur richtigen Zeit blühen, muß man die Sorten sehr sorgfältig aussuchen. In diesem Beet ist die rote Spornblume die einzig akzeptable Art. Es gibt auch dunkel- und blaßrosa sowie weiße Formen, aber die einzige Sorte, die in dieser Pflanzung richtig aussieht, hat eine Blütenfarbe, die nicht ins Purpur, sondern ins Korallenrote spielt. Dies ist unbedingt wichtig, denn einige der anderen Rottöne in der Rabatte gehen eher ins Gelbe als ins Blaue. Die *Rosa chinensis* zum Beispiel würde einzig und allein zu reinen oder Orange-Rot-Tönen passen. Ihre Blütenfarbe besteht aus merkwürdig changierenden Kupfer- und Flammentönen, die mit malvenähnlichen Rosatönen zusammen furchtbar aussehen. Wenn später im Jahr die Fuchsienblüten tiefe Purpurtöne einbringen, ist das erträglich, weil die dunkle Farbe wie auch das purpurfarbene Laub die benachbarten Rottöne sättigt und leuchten läßt. Blasses Malvenrosa würde aber eher dazu neigen, die Farben ins Verwaschene zu ziehen, statt sie klarer und brillanter zu machen.

Rot fängt den Blick und verkürzt die Sicht, deswegen sollte eine Pflanzung wie diese in keinem Fall einen Ausblick vom Haus beherrschen. Dieses Beet ist in einem Teil des Gartens besser aufgehoben, der abseits der Hauptachse liegt und wo die Explosion von lebhafter Farbe eher ein Schauspiel bei gelegentlichen Besuchen ist, als eine tagtägliche Auseinandersetzung. Roten Blumen in einem kleinen Garten den Vorrang zu geben ist, wie die Haustür rot anzustreichen: Es könnte ein Mißgriff sein.

# Klare Rosa- und Karmesinrottöne

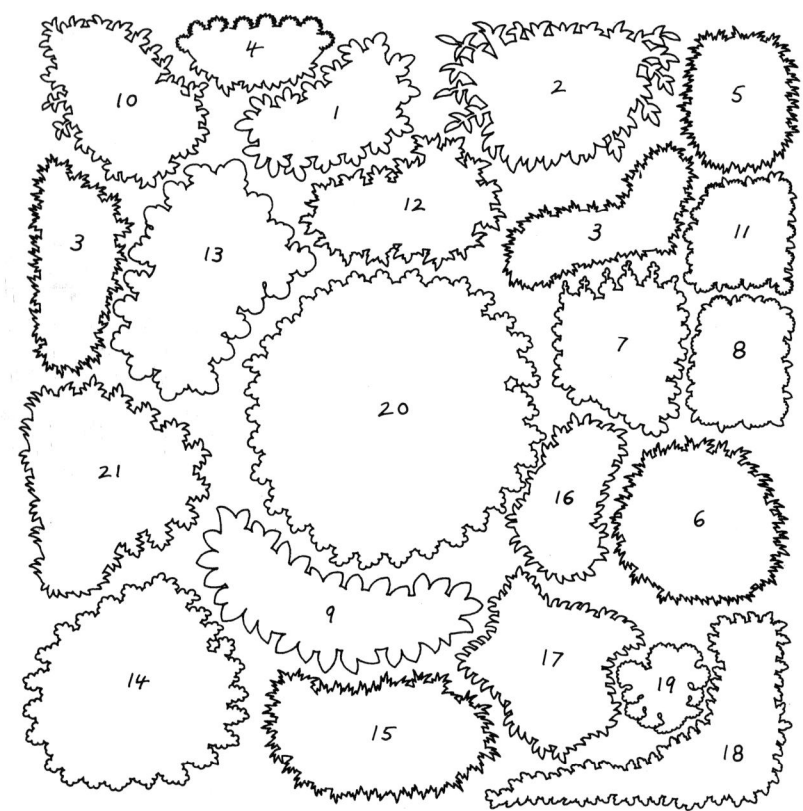

Als allgemeine Unterpflanzung empfohlen: *Lilium regale,* die Königslilie

### Früher-mittlerer Blühbeginn

1 *Paeonia officinalis* 'Rubra Plena' (Pfingstrose)
2 *Prunus tenella* 'Fire Hill' (Zwergmandel) mit *Viola cornuta alba* (Hornveilchen) als Unterpflanzung
3 *Dianthus barbatus* mit weißem Rand (Bartnelke)

### Mittlerer Blühbeginn

4 *Crepis incana* (Roter Pippau)
5 *Dianthus* 'Brympton Red' (Nelke)
6 *Dianthus* 'Dad's Favourite' (Nelke)
7 *Sidalcea* 'Loveliness' (Präriemalve)
8 *Saponaria officinalis* 'Rosea Plena' (Seifenkraut)
9 *Digitalis purpurea alba* (weißer Fingerhut)

### Mittlerer-später Blühbeginn

10 *Fuchsia*-Hybride 'Mme Cornelissen'*
11 *Osteospermum ecklonis,* syn. *Dimorphotheca ecklonis* (Kapkörbchen)
12 *Geranium endressii* 'Wargrave Pink' (Storchschnabel)
13 *Alcea rosea* 'Nigra', syn. *Althaea rosea* 'Nigra' (Stockrose)
14 *Rosa* 'The Fairy' (Bodendeckerrose)
15 *Dianthus* 'Haytor White' (Moderne Nelke)
16 *Penstemon campanulatus* 'Garnet' (Bartfaden)
17 *Antirrhinum majus* 'Crimson Monarch' (Löwenmaul)
18 *Verbena* 'Silver Anne' (Eisenkraut)
19 *Petroselinum crispum* (Petersilie)
20 *Rosa* 'Ferdinand Pichard'
21 *Salvia microphylla neurepia* (Salbei)*

Dieses quadratische Stück mit Blumen aus englischen Cottagegärten veranschaulicht, wie Rosa und Weiß durch Hinzufügen von Rot eine lebendige und freundliche Farbzusammenstellung ergeben können. Die gebrochenen Farben der gestreiften Rosensorte 'Ferdinand Pichard', der Bartnelken und der altmodischen Nelken inspirierten zu dieser fröhlichen Mischung. Die Pfingstrose spendet früh im Jahr einige dunkle Karmesinrottöne, später in der Saison trifft die kastanienfarbene Stockrose denselben dunklen Ton und verhindert, daß die Pflanzung zu gleichförmig wird.

Auf eine Winter-Attraktion ist hier zugunsten von sommerlichem Überfluß verzichtet worden. Die Blumen müssen dicht an dicht stehen, um einen »Cottage-Stil« zu erzeugen. Weiße Hornveilchen an allen möglichen Stellen lassen das Beet noch üppiger erscheinen und werden vor allem dort gepflanzt, wo sie sich mit ihrer Blüte an frühblühende Gruppen anschließen können. Die Bartnelken läßt man entweder von den Hornveilchen überwuchern oder man entfernt sie, um Platz zu schaffen für weitere *Penstemon,* die weiß sein sollten, um das Tiefrot des *P.* 'Garnet' zu ergänzen.

Paeonienblätter sind auch für sich genommen schön, aber wenn mehr Blüten gewünscht werden, können sie als Stütze für eine mehrjährige weiße Wicke dienen. Dies ist ein wirkungsvoller Trick, aber die Wicke muß im Zaum gehalten werden, damit sie ihre Nachbarn nicht begräbt. Sie bleibt zunächst unsichtbar und tritt überraschend spät in Erscheinung, wenn die Paeonien längst verblüht ist. Dann scheint die Wicke aber Kräfte zu

Kirschrot und klares Rosa, gespickt mit viel Weiß, bilden angeregt durch die Farben der Bartnelken mit weißem Rand die Grundlage für dieses Beet nach Art englischer Cottagegärten.

Im fortgeschrittenen Sommer werden die Rottöne dunkler und dominieren in der Mitte des Beetes. Weinrote *Penstemon* und kastanienfarbene Stockrosen werden von den grauen Nelkenpolstern gedämpft.

sammeln und blüht bis zum Ende des Sommers, wenn man verhindert, daß sie Samen ansetzt.

Für eine so kleine Fläche ist die Blühzeit lang. Sie beginnt mit dem *Prunus*, der im frühen Frühling Ruten rosafarbener Blüten trägt. *Prunus* wird zu einem unförmigen Strauch, wenn man ihn nicht stutzt. Die Rosen müssen ebenfalls fachmännisch zurückgeschnitten werden und brauchen reichlich Nahrung, um zu voller Blüte zu gelangen. Gärten im Stil englischer Cottagegärten, die aussehen, als seien sie natürlich zusammengewürfelt, müssen aufwendig gepflegt werden: Wo so viele Pflanzen ihr Bestes geben sollen, sollen Wasser, Wärme, Licht und Nährstoffe in verschwenderischer Fülle zur Verfügung stehen. Das Entfernen alter Blüten ist, wie immer unbedingt erforderlich.

Bestimmte Pflanzen sind hier wegen ihrer außergewöhnlich langen Blühzeit gewählt worden. *Salvia neurepia*, die kleine purpurfarbene Salbei, blüht vier Monate im Jahr und manchmal sogar länger. 'The Fairy' ist eine Rose, die spät anfängt, die verlorene Zeit aber wiedergutmacht, indem sie drei Monate lang in Blüte steht, und das *Geranium* ist während der Sommermonate nie ohne eine klarrosa Blüte. *Penstemon* und *Viola* mögen im Hochsommer eine Ruhepause, in der sie zurückgeschnitten werden. Dadurch können Sie Kräfte sammeln für einen neuerlichen Blütenschub später im Jahr. Obgleich *Penstemon* milde Winter überstehen, scheinen alte Pflanzen weniger willig zu blühen als junge. Wenn Sie am Ende der Saison Stecklinge schneiden, sichern Sie sich einen beeindruckenden Blütenreichtum für das nächste Jahr und vermeiden das Risiko, daß die Pflanzen in einem harten Winter erfrieren.

Eine Pflanze, die auf keinen Fall winterhart ist, ist die Verbene. Wenn es zu mühsam erscheint, jedes Jahr neu zu pflanzen, könnte eine *Diascia* eine Alternative darstellen, die sich jedes Jahr im Frühling

*Dianthus barbatus*

(Bartnelke)

*Dianthus*

'Brympton Red'

*Rosa*

'The Fairy'

problemlos aussäen läßt. Es läßt sich ohnehin nicht leugnen, daß intensive Farbgruppierungen nicht ohne ein paar einjährige und zweijährige Pflanzen auskommen, die das Beet über Blühpausen hinwegtragen. Moderne Gartenkünstler, die an »kleinen Leinwänden« arbeiten, sind von kurzlebigen Pflanzen besonders dann abhängig, wenn ihr Garten ständig bunt sein soll. Arbeitssparende Sträucher wurden für öffentliche Anlagen und große Gärten erfunden, als man sich die Löhne der Gärtner nicht mehr leisten konnte und sich daher Gärten wünschte, die wenig Arbeit machen. Die Teppichbeetkultur und die »Mosaikkultur« der viktorianischen Zeit basierten auf der Verfügbarkeit einer praktisch unbegrenzten Zahl farbenreicher einjähriger Pflanzen und billiger Arbeitskraft. Hobbygärtner können es sich nur deshalb leisten, besonderen Effekten wie diesen zu frönen, weil ihr verfügbarer Platz klein genug ist, um die Anlage noch pflegen zu können.

*Rosa*

'Ferdinand Pichard'

*Paeonia officinalis*

'Rubra Plena' (Pfingstrose)

*Lilium regale*

(Königslilie)

*Penstemom*

'Garnet'

# Purpur mit Weiß

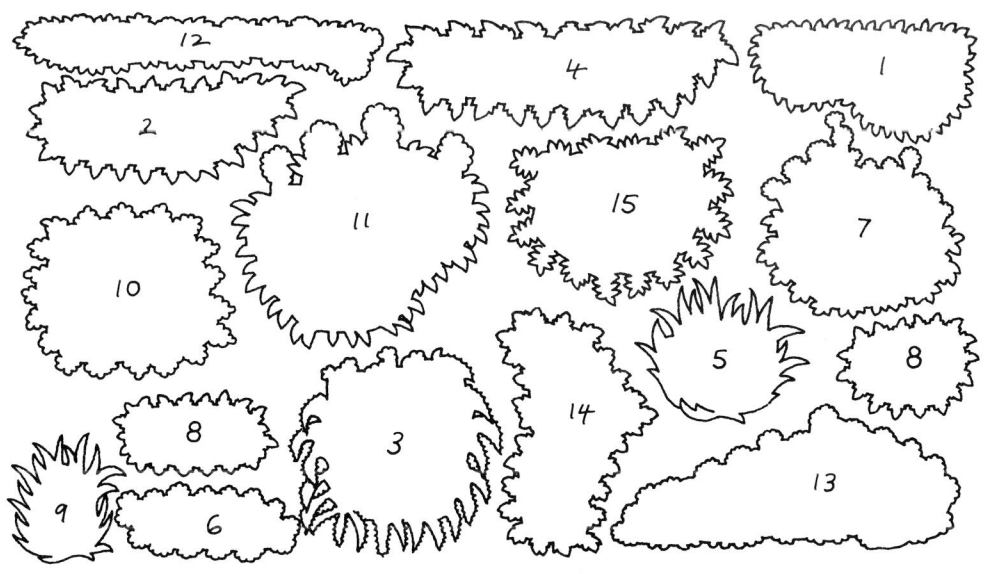

Als allgemeine Unterpflanzung empfohlen: *Tulipa praestans* 'Queen of Night', *T.* 'Shirley', *Crocus sieberi* 'Bowles' White', *C. s.* 'Violet Queen' (Wildkrokus), *Erythronium dens-canis* (Zahnlilie), *Cyclamen coum* (Vorfrühlings-Alpenveilchen). Saumbepflanzung: *Buxus suffruticosa* (Buchsbaum)

### Früher Blühbeginn

1 *Osmanthus delavayi* (Duftblüte)* mit *Lathyrus latifolius* (Staudenwicke) (mittel-spät)

2 *Lunaria annua variegata alba* (Judas-Silberblatt, weißbunt)

3 *Helleborus orientalis orientalis*, syn. *H. o. olympicus* (Rote Christrose)

### Früher-mittlerer Blühbeginn

4 *Abutilon* x *suntense** oder *Clematis* x *jackmanii* oder *C. viticella* 'Etoile Violette' (Waldrebe)

5 *Iris graminea* (Pflaumen-Schwertlilie)

6 *Saxifraga* x *urbium* (Prozellanblümchen)

### Mittlerer Blühbeginn

7 *Thalictrum aquilegifolium* 'White Cloud' (Amstelraute)

8 *Viola* 'Huntercombe Purple'

9 *Iris pallida* 'Variegata' (Schwertlilie)

10 *Rosa nutkana* 'Plena', syn. *R. californica* 'Plena' (Strauchrose)

11 *Phlox maculata* 'Omega' (Wiesenphlox)

### Mittlerer-später Blühbeginn

12 *Solanum jasminoides* 'Album' (Nachtschatten)* oder *Rosa* 'Mme Alfred Carrière' (Noisette-Rose)

13 *Epilobium glabellum* (Weidenröschen)

14 *Geranium psilostemum* 'Russell Prichard' (Storchschnabel)

15 *Hebe speciosa* 'La Séduisante' (Strauchveronika)*

Diese raffinierte Mischung aus Purpur und Weiß sieht in einem Stadtgarten vor einem weißen Spalier oder einer geweißten Wand besser aus als in der grünen Umgebung eines ländlichen Gartens. *Osmanthus* und *Hebe* können leider nur im milden Weinbauklima oder in frostarmen Küstenregionen den Winter im Beet verbringen. Zusammen mit *Helleborus* bilden sie dort einen Kern von Attraktionen für einen grauen Winter (die in einer städtischen Anlage besonders wichtig sind), und frühe Krokusse füllen die Lücken zwischen diesen Pflanzen, die die Stauden hinterlassen, wenn sie im Winter einziehen.

Unter die Rose könnte man noch Zwiebeln setzen (in jedem Blumenbeet gibt es noch Platz für mehr Zwiebeln, die für zusätzliche Attraktion sorgen). Die Zahnlilie, die Schatten und nahrhafte, feuchte Bedingungen liebt, läßt sich auch manchmal dazu bringen, den Standort mit einer Rose zu teilen. Auf sehr trockenem Boden sind *Cyclamen* aber sicherer.

In dieser Gruppierung wäre es sinnvoll, dafür zu sorgen, daß der Boden um den Phlox feucht bleibt, und die Maßnahme sollte auch auf die Rose und die Zahnlilie ausgedehnt werden. Phlox sind auf durchlässigen Böden in der Sonne elende Gesellen, aber mit den modernen Tropfschläuchen, die man um bestimmte Pflanzen herum im Boden vergraben kann, lassen sie sich nun fast überall pflanzen. Diese Bewässerungs-Technik erlaubt es auch feuchtigkeitsliebenden Pflanzen noch unter wüstenähnlichen Bedingungen zu gedeihen.

Pflanzenfreunde würden wahrscheinlich bei dem Gedanken, eine *Hebe* neben einen Phlox zu pflanzen, zusammenzucken, weil die Bedürfnisse dieser Pflanzen so unterschiedlich sind. *Hebe* gedeiht an trockenen, sandigen, sonnigen Standorten, wohingegen *Phlox* kühlen, nährstoffreichen Boden liebt. Wenn die beiden Pflanzen aber gut gepflegt werden, braucht keine von ihnen zu leiden. Wenn der *Phlox* mit seinem eigenen Bewässerungssystem und reichlich Mulch versehen ist, werden beide Pflanzen sicher gut durchblühen. Es ist nur in den kleinsten Gärten möglich, unter sol-

Die purpurfarbene *Hebe* 'La Séduisante' ist frostempfindlich, aber sie ist die Mühe des frostfreien Überwinterns wert. Über einer Gruppe kirschroter Blüten des *Geranium* 'Russell Prichard' und mit schneeweißem *Phlox* ergibt sie eine elegante Kombination für einen Stadtgarten.

werden. Wenn man sie gegen Kletterpflanzen austauscht, die Schatten vertragen, könnte die ganze Rabatte sogar einen Standort verkraften, der nur eine Zeit des Tages in der Sonne liegt. Eine *Clematis* x *jackmanii* oder *C. viticella* 'Etoile Violette' ersetzen den *Abutilon*, und eine weitere Rose, die weiße 'Mme Alfred Carrière', tritt dann an die Stelle des *Solanum*. Zugegeben, diese Ersatzpflanzen wirken nicht so vortrefflich wie das ursprüngliche Paar, aber sie würden die gleiche Farbkombination ergeben und mehr Kälte vertragen.

Weil es sich hier um eine raffinierte Pflanzung mit scharfen Kontrasten handelt, könnte sie durch eine formale Note gewinnen. Das gesamte Beet mit einer einzigen Pflanzenart zu säumen, in diesem Fall zum Beispiel mit *Geranium* oder *Saxifraga* x *urbium*, verändert das Erscheinungsbild völlig. Eine weitere Gruppe von *Iris pallida* 'Variegata' auf der rechten Seite als Gegengewicht zu der Gruppe auf der linken Seite könnte die formale Gestaltung noch ein Stück weiter ausprägen. Diese Art der Vorgehensweise ist nicht immer eine Verbesserung, und wo die Farbgruppierung einen dunstigen Schleier erzeugt, ist es wundervoll, diese Illusion mit ungregelmäßigen Gruppen und »Dünungen« von Pflanzen zu erhalten. Wenn aber der Kontrast so scharf und hart ist wie bei diesen purpurfarbenen und weißen Blüten, kann die »Formalisierung« der Gruppierung und möglicherweise eine Spur Symmetrie dem Beet eine zusätzliche Raffinesse und einen besonderen Reiz verleihen.

chen Mühen ein künstliches Mikroklima für Pflanzen zu schaffen. Wenn Sie entschlossen sind, bestimmte Farben und Texturen zu kombinieren, lohnt es sich aber, die Natur zu manipulieren – ja eigentlich ist es unvermeidbar. Ich meine, die technische Herausforderung, das, was Sie wünschen, genau dort zu ziehen, wo Sie es wollen, verleiht der Kunst des Gärt-

nerns eine zusätzliche Dimension. Schließlich ist das alles nicht unnatürlicher, als eine Pflanze im Topf zu kultivieren. Und dem können nicht einmal die härtesten Vertreter des naturnahen Gärtnerns widerstehen.

*Abutilon* und *Solanum* brauchen warme Mauern und blühen dann monatelang, müssen aber im Winter ins Haus geholt

*Epilobium glabellum*

(Weidenröschen)

Purpur und Weiß ist eine pfiffige Kombination. Obwohl die *Hebe* einen sehr kalten Winter nicht übersteht, sähe diese Pflanzung im geschützten Mikroklima eines Stadtgartens immer frisch aus.

*Helleborus orientalis orientalis*

(Rote Christrose)

*Iris pallida*

'Variegata'

*Solanum jasminoides*

'Album'

*Tulipa praestans*

'Queen of Night'

# Sattes und blasses Rosa

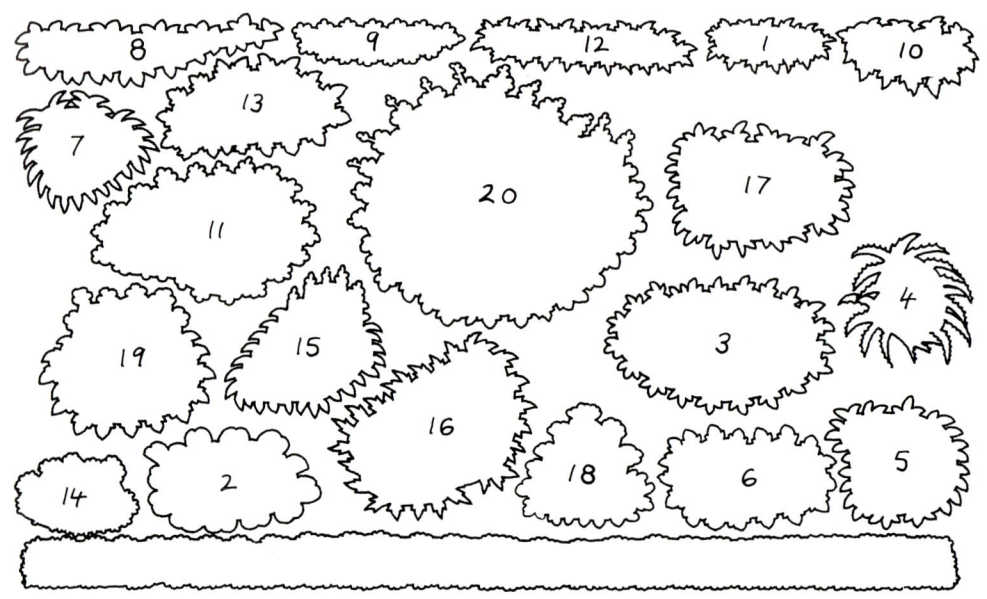

Als allgemeine Unterpflanzung empfohlen: *Tulipa* 'Shirley', *T.* 'Angélique' und *Lilium regale*

## Früher Blühbeginn

1 *Clematis montana* 'Elisabeth'
(Anemonen-Waldrebe)

2 *Bergenia crassifolia* (Dickblatt-Bergenie)

## Früher-mittlerer Blühbeginn

3 *Daphne retusa* (Seidelbast)

## Mittlerer Blühbeginn

4 *Morina longifolia* (Persische Steppen-distel)

5 *Stachys byzantina*, syn. *S. olympica* (Wollziest)

6 *Heuchera brigoides* 'Apple Blossom' (Purpurglöckchen)

7 *Hesperis matronalis* (Nachtviole)

8 *Actinidia kolomikta*

9 *Rosa* 'Mme Grégoire Staechelin' (kletternde Wildrose)

10 *Abutilon vitifolium* 'Veronica Tennant'

11 *Rosa* 'De Rescht' (Damaszenerrose)

## Mittlerer-später Blühbeginn

12 *Clematis* 'Kermesina', syn. *C. viticella* 'Rubra' (Waldrebe)

13 *Anemone hupehensis japonica* 'Prinz Heinrich' (Japanische Anemone)

14 *Diascia vigilis* (Diascie)*

15 *Penstemon campanulatus* 'Garnet' (Bartfaden)

16 *Potentilla nepalensis* 'Miss Willmott' (Silber-Fingerkraut)

17 *Salvia involucrata* 'Bethellii' (Salbei)*

## Später Blühbeginn

18 *Sedum spectabile* (Pracht-Sedum)

19 *Cosmos atrosanguineus* (Schmuck-körbchen)

20 *Lavatera olbia* 'Barnsley' (Portugiesische Malve)*

Satte Rosatöne sorgen in dieser Gruppe für eine Explosion von Sommerfarben. Für den Rest des Jahres enthält diese Pflanzung wenig Wirkungsvolles, aber in den heißen Monaten gibt es viel zu sehen.

Diese verschwenderische Sommerrabatte in satten Rosa- und Kastanienbrauntönen braucht zumindest an einem Teil des Tages Sonne. Es ist interessant, diese Pflanzung mit der Cottagegarden-Anlage aus klarem Rosa und Karmesinrot zu vergleichen, denn obwohl beiden dieselben Farben zugrundeliegen, sind die Ergebnisse doch sehr verschieden. Die Cottagegarden-Rabatte sieht frisch und lebhaft aus, wohingegen diese hier ein schwereres, schläfrigeres Gefühl vermittelt. Hier enthalten die Rosa- und Rottöne mehr Blau, was das Bild dunkel wirken läßt. Sogar die *Lavatera olbia* 'Barnsley', deren Blüten porzellanblaß sind, enthält eine Spur Blau. Würden Sie die Malven mit einigen Rosen der Sorte 'The Fairy' zusammenpflanzen, könnten Sie feststellen, daß sie einander nicht besonders gut zur Geltung bringen, obwohl sie beide rosa sind und die Malve fast weiß erscheint.

*Lavatera olbia* ist eine strauchige Bechermalvenart aus Südfrankreich, die fast drei Monate lang, von Juli bis Oktober in Blüte steht – sie ist leider nicht winterhart und muß frostfrei überwintert werden. Die Sorte 'Barnsley', die recht neu ist, hat allerdings eine schlechte Eigenschaft: Mit der Zeit kann sie zur alten braunroten Version von *Lavatera olbia*, der Ursprungsform, revertieren. *Lavatera* ist schnellwüchsig und wurzelt leicht, so

daß Sie sie durch einen jungen Steckling ersetzen sollten, sobald sie fortlaufend Triebe mit dunkleren Blüten hervorbringt.

Kein noch so kleines Sommerblumenbeet ist vollständig ohne eine Rose. *Rosa* 'De Rescht' ist ein ungewöhnlich hübscher Strauch mit dunkelvioletten Blüten, die uns den ganzen Sommer über erfreuen. Wie viele der besten Pflanzen ist sie nicht leicht erhältlich, aber für einen kleinen Garten bietet sie alle Vorzüge Alter Buschrosen, ohne jedoch mit ihren Nachteilen behaftet zu sein. Die andere gewählte Rose, 'Mme Grégoire Staechelin', manchmal auch die »Spanish Beauty« genannt, blüht nur einmal, aber in solcher Fülle und mit so vielen gefüllten Blüten, daß Sie es ihr verzeihen, daß sie keine zweite Vorstellung gibt. Die Rose hier blüht in leuchtendem Rosa, einem Farbton, der Menschen vor Bewunderung verstummen läßt. Einige Farben sind so berauschend wie Wein, und das Rosa der

»Spanish Beauty« ist wie ein »Becher voll südlicher Sonne«.

In einer Pflanzengruppe, die in erster Linie um ihrer Farbwirkung willen entworfen wurde, wird die Blütenform sekundär. Der Salbei ist eine interessante Pflanze, aber was zuerst auffällt, ist das grelle Rosa seiner sonderbaren Blüten. Auch der *Penstemon* ist vor allem ein Fleck satten Karmesinrots, und die Kosmee lenkt das Augenmerk auf ihre kastanienschwarzen Blüten. Sie alle sind nur bedingt winterhart, aber in leichtem Boden und sonniger, warmer Lage können sie einen milden Winter überstehen, wenn man ihnen mit Laub oder Reisig guten Winterschutz bietet. Eine größere Blütenfülle zeigen sie allerdings, wenn im Herbst Stecklinge geschnitten und die Pflanzen unter Glas überwintert werden. *Diascia* wird jedes Jahr neu ausgesät.

Die Farbigkeit im Sommer steht in dieser Gruppe an erster Stelle, so daß es in der übrigen Zeit des Jahres wenig Interessantes gibt. Nur der Seidelbast bildet eine immergrüne Kuppel, und die Persische Steppendistel, deren stachelige Wirtel sich rosa öffnen, behält ihre Distelblätter den Winter über. Auch immergrüne Pflanzen, das *Sedum* und die *Stachys* dürften, außer unter extremen Bedingungen, unter denen ihre gräulichen Blätter faulig werden, den Winter überstehen.

*Lavatera olbia*

'Barnsley'

*Salvia involucrata*

'Bethellii'

*Clematis* 'Kermesina'

(syn. *C. viticella* 'Rubra')

# Grün-, Grau- und Weißtöne

**G**rün bildet den Hintergrund eines Gartens, aber in seiner Reichhaltigkeit an Nuancen und Texturen hat Grün ebensoviel zu bieten wie jede Vordergrundfarbe. Grau dämpft, Weiß hellt auf, und gemeinsam überdauern Grün-, Grau- und Weißtöne das kurze Aufleuchten der farbigen Blütenblätter.

Der berühmte Weiße Garten in Sissinghurst wurde von Vita Sackville-West wahrscheinlich häufiger in der Dämmerung und im Mondschein besucht als bei Tageslicht. Diese Mischung aus silbrigen Blättern und Hochblättern mit weißen Blüten und grünen Blättern sieht im Mondlicht noch beeindruckender aus als in der Sonne.

Die große *Euphorbia wulfenii* ist eine der besten »Grün mit Grün«-Pflanzen. Ein mit Goldtupfen bemalter Efeu als Begleitung vervollständigt das Bild.

»Obgleich ich Weiß mit Weiß mag, ist der Drang doch vorwiegend zu Grün mit Grün«, schreibt der amerikanische Künstler Robert Dash, dessen Garten in Long Island wegen seiner Raffinesse berühmt ist. Als Maler gesteht er eine Vorliebe für »Gestalt, Masse und Form« ein, weil er gelernt hat, »daß die vorherrschende Farbe von Gärten Grün ist und die übrigen ziemlich nebensächlicher Schmuck sind.« Dies hört sich nüchtern an, aber es stimmt. Gärten, die in einem begrenzten Farbbereich oder sogar einfarbig gehalten sind, haben viel zu bieten. »Meanwhile the mind, from pleasure less, withdraws into its happiness ... Annihilating all that's made to a green thought in a green shade«, schrieb im siebzehnten Jahrhundert der englische Dichter Andrew Marvell in seinem Gedicht »The Garden«. Seine Zeilen beschreiben, besser als alle anderen, die ich kenne, die gewaltige Macht des Grüns, das alles andere im Garten auslöschen kann. Die Eigenschaften des Beschattens und der Kühle der Farbe Grün machen einen »Drang zu Grün mit Grün« unwiderstehlich. Besonders in Städten erinnert die Farbe des Rasens und der Bäume die von Asphalt eingeschlossenen Menschen an das, was sie verloren haben. An heißen Orten genügt das blütenlose Grün der

Grün herrscht im Garten unvermeidbar vor, aber er muß nicht eintönig aussehen: Es gibt viele Variationen von Grüntönen und Blattformen. Hier zeigen niedrige Gräser und die feinfiedrige Gartenraute eine interessante Abwechslung von Textur und Farbton.

Hecken und der Blätter an den Bäumen, um einen Garten vorzutäuschen, vor allem, wenn man das Geräusch plätschernden Wassers hören kann. An Gebäuden weicht Grün harte Linien auf und schlägt eine Brücke, die die menschengemachte Welt mit der natürlichen Landschaft verbindet. Und wo der Blick aus dem Garten in die umgebende Landschaft schweifen kann, wirken leuchtende Blumenbeete oft unangemessen. Grüne Pflanzen können einen sanften Übergang vom Garten zum Feld schaffen, ohne den Zauber des Ausblickes zu zerstören.

Das Vorherrschen von Grün in jedem Garten ist unvermeidbar, aber es sollte nicht trübe wirken. Eine Sehnsucht nach Abwechslung läßt sich gänzlich ohne Blüten erfüllen, vorausgesetzt, daß nicht zu viele kleine ovale Strauchblätter wie Liguster, Forsythie oder Flieder vorhanden sind. Pflanzen wie diese, die keine bestimmten Merkmale aufweisen, sehen außerhalb ihrer Saison langweilig aus; die Wirkung von Grün mit Grün-Kompositionen muß daher auf Struktur und Form beruhen. Die meisten der sogenannten architektonischen Pflanzen, die Sie innehalten und schauen lassen und die im Garten große Akzente setzen, sind grün. Denken Sie nur an *Acanthus*, *Melianthus*, *Bergenia*, Fenchel, *Fatsia*,

Grün und Weiß sind in jedem Garten eine erfrischende Gruppierung, vor allem in einer städtischen Anlage. Den weißen *Agapanthus* sieht man seltener als den blauen, aber es lohnt sich, ihn ausfindig zu machen. Weiße Blüten sind immer gut geeignet, dunkle Ecken aufzuhellen.

Die spitzenartigen
Blätter der *Artemisia*
wiederholen das Grau
der Steinurne. Um
herauszufinden, ob Sie
den Stein lieber in
Kombination mit grünen
als mit grauen Blättern
sehen würden, decken
Sie die *Artemisia* in
diesem Bild für einen
Moment ab.

*Euphorbia*, Wacholder und Rosmarin, um nur einige zu nennen. Alle diese verschiedenen Arten mit ihren unterschiedlich geformten Blättern bringen einen Reiz in den Garten und verändern die Relationen und die Betonung in ihm. Wenn Blüten als »nebensächlicher Schmuck« eingestuft werden können, qualifizieren Blätter sicherlich für den Titel »wichtigste Zierde«.

Blüten, vergänglich und ungewiß, sind so liebenswert, weil sie so schwer faßbar sind. Blätter sind viel verläßlicher, und wenn ein Garten ohne Blüten gut aussieht, kann Farbe nur ein zusätzlicher Pluspunkt sein. Grün, so muß man zugeben, ist die Farbe, die im Freien bei weitem am einfachsten zu handhaben ist. Es gibt so viel davon, daß es harter Arbeit bedarf, die Farbe in den Griff zu bekommen. Also können Sie sich genauso gut gelegentlich mit ihr zusammentun. (Einige sehen ein Mittel, das Grün in den Hintergrund zu drängen, in der sehr üppigen Verwendung von farbigem Laub. Ich halte das aber nicht für die beste Strategie.) Geschickt eingesetzt kann Grün ein ebenso wirkungsvoller Verbündeter sein wie irgendeine der anderen Farben, die die Sinne mit Wellen wechselnder Stimmungen umspülen. Und wo die meisten Farben kaum mehr tun, als die Gedanken neu zu ordnen oder das Auge zu bestürmen, hat Grün den zusätzlichen Vorteil, daß es sowohl einer Pflanzung Struktur verleiht als auch alle möglichen Eigenschaften andeutet, die Blüten niemals ausdrücken können. Man kann immer darauf vertrauen, daß Grün die Seele erquickt und ein Gefühl von Frieden er-

*Hosta* sind in den vergangenen Jahren sehr beliebt geworden. Und das zu Recht, denn überall, wo sie Verwendung finden, bilden sie einen Ruhepunkt für das Auge. Die blauen Blätter der *Hosta 'Halcyon'* im Garten Beth Chattos haben dieselbe beruhigende Wirkung auf den Betrachter, wie es Wasser an dieser Stelle hätte.

zeugt. Aber Chlorophyll kann mehr als dies: Grüne Pflanzen erwecken je nachdem den Eindruck, daß sie exotisch, luftig, adrett, fröhlich oder satt sind. Versuchen Sie, alle diese Eigenschaften einer roten oder blauen Blume zuzuordnen, und Sie werden die Wandlungsfähigkeit der Lieblingsfarbe der Natur zu schätzen lernen. Betrachten Sie das Exotische der großen Blätter von *Melianthus* oder *Fatsia* oder die feingliedrige Luftigkeit der Scheinakazie (*Robinia pseudoacacia*) oder des Fenchels, die jede Pflanzung auflockern kann. Und stellen Sie sich das Dunkel großer, beschnittener, immergrüner Pflanzen vor, die einem Garten ein gesetztes, reifes Aussehen verleihen. Oder denken Sie an kleinere Hecken aus Buchsbaum, Thymian oder Petersilie, die ein Gefühl von Ordnung vermitteln. Einige Grüntöne können sogar fröhlich wirken: Wenn die glänzenden Blätter von Pflanzen wie *Ilex* (Stechpalme) oder *Prunus lusitanica* das Sonnenlicht einfangen, hellen sie düstere Ecken auf. Wenige andere Farben bieten so viel Reichtum und Vielfalt.

Gertrude Jekyll sagte gern, grüne Gärten solle man am besten für großflächige Anlagen lassen, aber Margery Fish, die englische Cottagegärtnerin der fünfziger Jahre dieses Jahrhunderts machte grüne Blüten und grünes Blattwerk populär, indem sie zeigte, daß sich Grün nicht nur für Parks und Rasen eignete. Sie besaß einen grünen Garten, in dem sie Kuriositäten wie die grüne Rose (*Rosa chinensis* 'Viridiflora') und Sterndolde (*Astrantia* 'Shaggy') pflanzte. Margery Fish gestaltete Gartenbilder aus verschiedenen, bis ins Silberne verblassenden Grüntönen. Damals waren die Muster aber dezenter als es heute die Regel ist. Sil-

Vergleichen Sie die Wirkung von *Hosta* in verschiedenen Grüntönen, die das Auge anregen, mit der beruhigenden blauen Form.

Die weißen Kletterrosen 'The Garland' und 'Kiftsgate' kombiniert mit der rosa-gefärbten Sorte 'Francis E. Lester' haben nur eine kurze, dafür aber wundervolle Saison. Beachten Sie die silbrigen Knospen des Kreuzkrautes darunter, kurz bevor sie ihre hellgelben Korbblüten öffnen.

Bei dieser Pflanzung ist es interessant, die unterschiedlichen Wirkungen der Farbe Weiß zu vergleichen: Eine geschlossene silberne Gruppe von *Senecio maritima* steht vor dem gebrochenen Weiß der luftigen *Gypsophila* und der dichten Gruppe von weißem *Phlox* im Hintergrund der Anlage.

berfarbene Pflanzen werden, meine ich, in den heutigen Pflanzungen manchmal übertrieben eingesetzt. Ihr metallischer Glanz kann zu den anderen Pflanzen einen zu starken Kontrast bilden. Silberne Blätter ziehen das Augenmerk auf sich wie weiße Blüten, aber anders als diese sind sie nicht kurzlebig. Pflanzen wie zum Beispiel *Artemisia* 'Powis Castle' oder *Senecio* 'Sunshine' können sich zu Inventarstücken in einer sich laufend verändernden Rabatte entwickeln. Am Ende wirken sie wie massive Zinnklumpen unter zarten grünen Blättern und leuchtenden vergänglichen Blüten. Die Leute vertrauen darauf, daß Grau eine Pflanzung »dämpft«, aber graue Pflanzen sind nicht von Natur aus Hintergrunderscheinungen und haben oft die gegenteilige Wirkung, nämlich die Pflanzengruppe, die sie eigentlich dämpfen sollen, hervorstechen zu lassen und aufzuhellen.

Bedeckte und helle Grautöne haben sehr unterschiedliche Wirkungen. Stellen Sie sich beispielsweise eine Gruppe tiefrosa Rosen umgeben von *Artemisia* 'Powis Castle' vor. Diese Kombination ergäbe ein sehr kraftvolles Bild, wohingegen die Verbindung von Rosa und Grau für das Auge viel zarter wirkt, wenn das Grau den sanfteren Ton des alten Lavendels (*Lavandula angustifolia*) hat. Graues Blattwerk ist zwar wunderschön, aber man muß es wirklich sehr behutsam und vorsichtig einsetzen.

Diese einfache weiße Pfingstrose unter einem *Cornus florida* ist ein unvergeßliches Frühlingsbild. Später kann die Pfingstrose etwas verloren aussehen, daher eignet sie sich nicht für den kleinen Garten.

Rechts:
Eine weiße *Glyzine* ist ebenfalls ein vergängliches Glück, aber so wunderschön, daß es sich vielleicht lohnt, für einen Anblick wie diesen auf eine ganzjährige Attraktion zu verzichten.

Weiße Margeriten sind im Sommer zuverlässige Begleiterinnen, aber ihre frische Wirkung geht verloren, wenn man ihre verwelken Blüten nicht entfernt.

Links: Königskerzen und Lupinen (im Hintergrund) sind in Sommerrabatten Höhepunkte im doppelten Sinn. Die Lupinen sollten aber nach dem Abblühen bis zum Boden zurückgeschnitten werden, weil sie sonst von Mehltau befallen werden.

Weiße Blumen lassen sich leichter einfügen und sind zum Rettungsanker vieler moderner Gartenliebhaber geworden. Sie wurden inspiriert vom Weißen Garten in Sissinghurst, wo Vita Sackville-West »nicht umhin konnte zu hoffen, daß die große geisterhafte Schleiereule im nächsten Sommer leise über einen blassen Garten hinweggleiten wird, in der Dämmerung, über den blassen Garten, den ich nun, beim Fall der ersten Schneeflocken, pflanze.« Die Stimmung dieses Gartens war vielleicht eher eine Stimmung der Nacht als der weißen Farben, denn Vita Sackville-West mußte jeden Abend durch ihren Garten gehen, weil sich Arbeiten, Schlafen und Essen für sie in drei getrennten Gebäuden abspielte. Der blasse Garten des Zwielichts mit dem weidenblättrigen Birnenbaum, dem silbrigen Beifuß, den Königslilien, Rittersporn und Rosen, dem silbernen Wegdorn, dem Fingerhut, den Pfingstrosen und den zahllosen anderen weißen Pflanzen muß etwas Magisches an sich gehabt haben, das die Besucher am Tage in Sissinghurst nie sehen. Im Sonnenlicht wirkt der Weiße Garten viel schicker, und es ist dieser Anblick bei Tage, der von so vielen ihrer Schüler kopiert und reduziert wurde. 'Iceberg'-Rosen, ein paar elfenbeinfarbene *Digitalis* und einige *Santolina* am Mittag sind eine Travestie ihres Mondlicht-Originals. Aber mit dem sicheren Wissen, daß weiße Blumen bei niemandem Anstoß erregen und Backstein, Naturstein, Holz oder jedem anderen Material die gleiche Grazie verleihen, wählen »kritische« Gartenliebhaber immer wieder Weiß zu ihrer Lieblingsfarbe.

Auch für die langblühende weiße, mehrjährige Spornblume (*Centhrantus ruber*) gilt, daß die verwelkten Blüten entfernt werden müssen, wenn die Pflanze in Schwung bleiben soll.

# Grün und Weiß

Als allgemeine Unterpflanzung empfohlen: *Tulipa* 'Spring Green'

Grüne und weiße Pflanzen sind in schattigen Lagen eine besonders wirkungsvolle Kombination. Diese Zusammenstellung enthält die blaugrünen Blätter der *Hosta* und des *Bupleurum*, aber kein silberfarbenes Laub. Im Sommer wirkt diese Gruppe kühl. Im Winter müssen einige der immergrünen Pflanzen wie *choisya* und *Clematis cirrhosa balearica* frostfrei überwintert werden.

Es ist ein Merkmal weißer Blumen in offenen Lagen, daß sie bei Einbruch der Nacht zu leuchten beginnen. In dunklen Ecken mit schwächerem Lichteinfall strahlen weiße Blütenblätter den ganzen Tag aus den düsteren Schlupfwinkeln heraus. Glänzendes Blattwerk hilft ebenso, das vorhandene Licht zu reflektieren (deshalb wirkt es im Winter so fröhlich), so daß die *Choisya* und der Kirschlorbeer sowohl wegen ihrer glänzenden Blätter als auch ihrer weißen Blüten wegen eine gute Wahl sind.

Es besteht immer die Gefahr, daß Rosen im Halbschatten nicht optimal zur Blüte kommen, aber 'Mme Alfred Carrière' ist weniger wählerisch in ihren Lichtansprüchen als die meisten anderen Sorten. Kletterrosen wachsen im Schatten gewöhnlich besser als Buschrosen, und eine ungünstige Lage nimmt die Chinarose 'Yvonne Rabier' arg übel. An ihre Stelle könnte in diesem Fall eine weißblühende Zierquitte (*Chaenomeles speciosa* oder *Ch. japonica*) als vielversprechender Ersatz treten, obwohl sie leider im Sommer nicht blüht. Die Zierquitte ist ein unterbewerteter Strauch, der leicht zu ziehen ist, wenn er auch in seiner Jugend erst relativ spät Blüten ausbildet. Später müssen neue Triebe rigoros zurückgeschnitten werden, da die Blüten am alten Holz sitzen.

Das Hasenohr, *Bupleurum fruticosum*, das im Mittelmeerraum auf den Hügeln wächst, wird in seiner Heimat ein bis 1m hoher üppiger Strauch mit schönen dunkelblaugrünen Blättern und zitronengelben Doldenblüten. Die Pflanze benötigt allerdings Winterschutz. Es lohnt sich jedoch, das *Bupleurum* für diese Gruppierung zu halten, denn seine Blätter sind das ganze Jahr über wunderschön und die gelbgrünen Blüten im Spätsommer ein Magnet für Schwebfliegen. Die Blütenfarbe des *Bupleurum* ist eher Gelb als

*Tulipa*

'White Triumphator'

*Acanthus spinosus*

(Stacheliger Bärenklau)

Grün, aber es gibt auch andere Sorten, die eher einen limonenfarbenen Farbton besitzen.

*Angelica* wird von Gärtnern, die weniger enthusiastisch sind und Pflanzen meiden, die häufig neu gepflanzt werden müssen, selten angezogen. Dieses riesige Kraut sät sich allerdings selbst aus – nicht immer dort, wo Sie es gerne haben möchten natürlich, aber die Sämlinge können am Ende ihres ersten Jahres umgepflanzt werden. In der darauffolgenden Saison geben sie dann ein 1,80 m hohes Schauspiel wolkigen Grüns. Wenn man den Samenansatz verhindert, kann die Pflanze manchmal noch ein weiteres Jahr überleben, im Großen und Ganzen ist es jedoch einfacher, *Angelica* als zweijährige Pflanze zu behandeln und immer wieder nachzuziehen.

*Nicotiana langsdorfii* ist schwierig zu bekommen, aber mit ihren blaßgrünen Blütenglocken ist sie ein so zartes Geschöpf, daß es die Mühe wert ist, sie jedes Jahr in Gärtnereien zu suchen oder selbst zu ziehen. Viele Pläne dieser Sammlung beruhen auf Pflanzen wie der *Nicotiana*, die zwar ungewöhnlich sind, aber nicht schwierig zu ziehen. *Clematis* x *jouiniana* findet man wahrscheinlich nicht in

Dieses fröhliche Sortiment, das viele immergrüne Pflanzen mit glänzender Blattoberfläche enthält, paßt in eine schattige Ecke. Im Sommer gruppieren sich kühle Grüntöne und weiße Blüten um das ungewöhnliche *Bupleurum* in der Mitte des Beetes. (Mittel-spät)

jeder Gärtnerei; sie ist schön und läßt im Spätsommer ihre Schleppen wässrigbläulichweißer Blüten in ihre Nachbarn hineinwachsen. Wenn der Fingerhut verblüht ist und die *Choisya* ruht, füllt die *Clematis* den Platz des ersten und klettert über die zweite hinweg. Die hier gewünschte Sorte ist 'Praecox', einfach weil sie erheblich früher als die ursprüngliche Wildsorte blüht.

Nach der anfänglichen Arbeit, die mit dem Aufspüren ungewöhnlicher Pflanzen verbunden ist, sollte diese Pflanzengruppe eine derjenigen aus diesem Buch sein, die am einfachsten zu handhaben ist. Die eher angenehme als spektakuläre Zusammenstellung verleiht sogar einem nicht so einladenden Winkel einen Reiz, der über lange Zeiten des Jahreslaufs bestehen bleibt.

*Helleborus lividus corsicus*

(Nieswurz)

# Grün mit Grün

Als allgemeine Unterpflanzung empfohlen: *Galanthus nivalis* 'Ophelia', *G.* 'Desdemona', *G. elwesii* (Schneeglöckchen) und *Leucojum aestivum* 'Gravetye Giant' (Sommerknotenblume)

## Sehr früh

1 *Viburnum tinus* 'Eve Price' (Mittelmeer-Schneeball)*

## Früher Blühbeginn

2 Helleborus foetidus 'Wester Flisk' oder Miss Jekylls duftende Form (Nieswurz, Palmblatt)

3 Sarcococca hookeriana digyna*

## Früher-mittlerer Blühbeginn

4 *Convallaria majalis* (Garten-Maiglöckchen)

5 *Lonicera japonica* 'Halliana' (Geißblatt)

6 *Saxifraga x urbium* (Porzellanblümchen)

7 *Myrrhis odorata* (Süßdolde)

## Mittlerer Blühbeginn

8 *Alchemilla mollis* (Frauenmantel)

9 *Hosta plantaginea* (Lilienfunkie)

10 *Phyllitis scolopendrium*, syn. *Asplenium scolopendrium* (Hirschzunge)

11 *Polystichum setiferum* (Flaumfeder-Filigranfarn, Weicher Schildfarn)

12 *Dryopteris filix-mas* (Wurmfarn)

## Mittlerer-später Blühbeginn

13 Itea ilicifolia*

14 Ligustrum lucidum (Liguster, Rainweide)*

Ein unter einem Fenster angelegtes Winterbeet kann das gesamte Jahr über ein grünes Bild bieten. Diese Pflanzengruppe ist für die Schattenseite des Hauses gedacht und enthält einige duftende Blumen, an denen man an wärmeren Tagen schnuppern kann. Die wärmeliebende *Sarcococca* hat spinnenfadenähnliche Blütenblätter, unauffällig, aber herrlich duftend. Maiglöckchen, die wohl nicht besonders beschrieben werden müssen, überleben viele Jahre in einem vergessenen dunklen Winkel, sind aber dankbar für eine jährliche Portion Laubmulch. Das immergrüne Geißblatt, die Süßdolde (der man nicht erlauben sollte, sich auszusamen) und sogar die Rainweide, sie alle duften.

So auch *Hosta plantaginea*, deren weiße Blüten sich an Sommerabenden öffnen. Sie bevorzugt sonnige Bedingungen, toleriert aber etwas Schatten. Die duftende 'Miss Jekyll'-Sorte der gewöhnlichen *Helleborus foetidus* ist leider selten zu finden. Es gibt andere süßlich riechende »stinkende Nieswurzen«, aber solange wir sie nicht ausfindig machen, entscheiden wir uns für die Sorte *Helleborus* 'Wester Flisk' oder die zuverlässige *Helleborus corsicus*.

Der zentrale Punkt dieses Beetes ist die gestutzte Kuppel des vertrauten *Viburnum tinus* in seiner besten Form: 'Eve Price' hat rosa gefärbte Knospen, die sich zu einem klaren Weiß öffnen. Im Wachstum eher langsam, zeigt er uns schönes dunkelgrünes Laub. Ein großblättriger Strauch wie dieser muß mit Sorgfalt zurückgeschnitten werden: Es verdirbt die Wirkung, wenn Blätter durch die Schere in zwei Hälften gerissen werden.

Die anderen dominierenden Sträucher sind der elegante Liguster, der, wenn man ihn in Ruhe läßt zu einem sich selbst stützenden Baum heranwächst und sich daher gut für eine Hauswand eignet, wenn Sie mit dem Anbinden und In-Form-Schneiden so wenig Arbeit wie möglich haben wollen. Die ähnlich entgegenkommende *Itea ilicifolia* ist in ihrem Erscheinungsbild mit ihren langen, im Herbst erscheinenden Quastenblüten einer *Garrya elliptica*

nicht unähnlich. Hier ist sie wegen ihrer glänzenden Blätter vorzuziehen, die weniger düster sind als das matte Blattwerk der *Garrya*. Sowohl *Garrya* wie auch *Itea*, die *Sarcococca* und vor allem der *Viburnus* brauchen im Winter Schutz vor starken Frösten. Diese Pflanzung eignet sich daher mehr für Orte im Weinbauklima oder in der Nähe des Meeres. Außerdem sollte das Beet unbedingt vor

einer wärmenden Mauer oder Hauswand liegen.

Farne füllen mehrfach die freien Räume zwischen den Pflanzen, weil ihre wunderschönen Formen praktisch das ganze Jahr über interessant sind. Es ist ein verbreitetes Mißverständnis, daß sie nur an feuchten Standorten überleben können. Richtig ist dagegen, daß sie einen krümeligen, bedeckten Boden vorziehen. Das

Eine Grün-Weiß-Komposition von *Hosta, Farnen, Alchemilla, Euphorbia* und weißen *Centranthus* (Spornblumen). Doch ohne den strahlend weißen Fensterrahmen sähe sie weniger frisch aus.

*Myrrhis odorata*

(Süßdolde)

von den Maiglöckchen übriggebliebene Laub tut ihnen gut, und in einem trockenen Frühjahr hilft ihnen zusätzliches Wässern, den Sommer zu überstehen: Sie scheinen mit weniger Wasser auszukommen, wenn sie erst einmal ihre volle Größe erreicht haben. Die Hirschzunge ist zuverlässig immergrün, und die anderen beiden Farne behalten ihre Wedel noch in der ersten Hälfte des Winters.

Weil dieses Beet in der Nähe des Hauses angelegt ist, wird ihm sicher viel Aufmerksamkeit zuteil, was es zu einem geeigneten Ort für eine Sammlung verschieden großer Schneeglöckchen-Sorten macht: Nur bei genauem Hinsehen entdeckt man ihre Zeichnungen, und ihre reinweißen Glocken heben sich gegen den Hintergrund verschiedener Grüntöne gut ab. Wenn Ihnen aber die Vorstellung eines reingrünen Beetes ohne weiße Blüten gefällt, so sollten hier weitere *Helleborus* oder Fritillarien (*Fritillaria pyrenaica* oder *F. pontica*) ihre grüne Blüten entfalten dürfen. Fritillarien sind eigenwillig und mögen gut durchlüftete, tiefgründige Böden, so daß sie nicht für jeden Garten in Frage kommen. Weniger geduldige Gärtner füllen die Lücken im Sommer mit dem grünen Ziertabak, *Nicotiana alata* 'Lime Green'. Die hier gezeigte Pflanzung ist kein sommerliches Schaustück, sondern nur ein ruhiger Wandteppich aus Blättern in allen Grüntönen.

*Itea ilicifolia*

*Phyllitis scolopendrium*

(Hirschzunge)

*Convallaria majalis*

(Garten-Maiglöckchen)

*Helleborus foetidus*

'Wester Flisk'

# Silber und Weiß

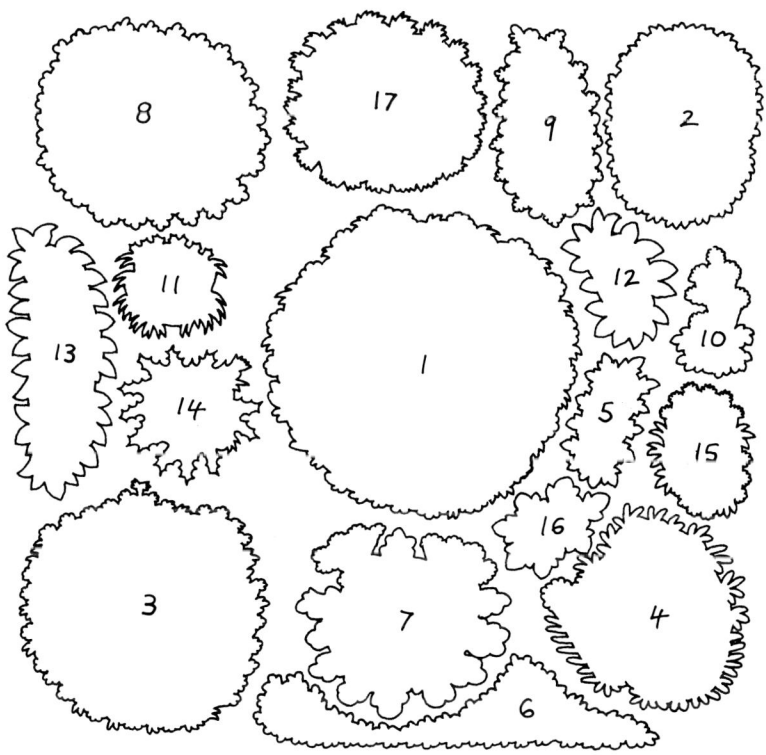

Als allgemeine Unterpflanzung empfohlen: *Tulipa* 'Purissima', *Lilium candidum* (Madonnen-lilie), *L. regale* (Königslilie) und *Centranthus ruber albus* (weiße Spornblume)

### Früher Blühbeginn

1 *Magnolia salicifolia* (Magnolie) oder
   *Pyrus calleryana* 'Chanticleer' (Birne)
2 *Sarcococca hookeriana digyna*\*
3 *Olearia x scilloniensis*\*
4 *Euphorbia characias wulfenii*
   (Wolfsmilch)

### Früher-mittlerer Blühbeginn

5 *Lunaria annua variegata alba* (Judas-
   Silberblatt, weißbunt)
6 *Viola cornuta alba* (Hornveilchen)

### Mittlerer Blühbeginn

7 *Crambe maritima* (Meerkohl)
8 *Rosa* 'Dupontii' (Strauchrose)
9 *Lysimachia ephemerum* (Felberich)
10 *Filipendula vulgaris* 'Plena', syn.
   *F. hexapetala* 'Flore Pleno'
   (Mädesüß)
11 *Campanula lactiflora alba*
   (Glockenblume)
12 *Digitalis purpurea alba*
   (weißer Fingerhut)
13 *Hosta fortunei* 'Marginata Alba'
   (Funkie)
14 *Onopordum acanthium* (Eselsdistel)
   oder *Silybum marianum*
   (Mariendistel)

### Mittlerer-später Blühbeginn

15 *Anaphalis triplinervis* (Perlpfötchen,
   Perlkörbchen)
16 *Alcea rosea* einfach weiß, syn. *Althea
   rosea* (einfache weiße Stockrose)

Die naheliegende Wahl für das Zentrum dieser Silber-Weiß-Gruppierung wäre eine silberblättrige Trauerbirne gewesen. Dieser kleine Baum ist aber schon seit so vielen Jahren für so viele Leute die erste Wahl, daß Sie sich nach etwas weniger Abgenutztem umsehen müssen, wenn Sie eine ungewöhnlichere und erfrischendere Wirkung erzielen wollen. Die weidenblättrige Magnolie hat gräulichweiße Blätter und ist kompakt und konisch in der Form. Es sind aber ihre großen, duftigen Blüten im Frühjahr und ihre leicht aromatischen Blätter, die sie zu einem interessanten Ersatz für die Birne machen. Eine andere Wahl könnte hier die weniger bekannte Birne 'Chanticleer' sein, die im Frühling mit Blüten bedeckt ist, aber grüne Blätter hat. Obstblüten, und vor allem Birnenblüten, sind mit der schönste Anblick im Frühjahr. Es ist fast schade, sie nicht in jedem Garten zu pflanzen.

Eines Tages wird um den Baum herum, den Sie an diese Stelle pflanzen, nicht mehr genug Platz sein, aber solange der Baum zu klein ist, um allein zu stehen, schenken die erganzenden Pflanzen zu seinen Füßen zusätzliche Freude.

Um dieses Beet soll man herumgehen können, und zur Betonung einer jeden Ecke ist dort jeweils eine kräftige Pflanze vorgesehen. Die *Euphorbia* und die kannte *Sarcococca*, die zu einer Zeit, zu der es im Garten sonst wenig zu sehen gibt, kleine duftende Blüten trägt, sollen im Winter und zeitigen Frühjahr Freude bereiten. Wenn Sie noch weiter um das Beet herumgehen, ist die *Euphorbia* auch später neben der von margeritenähnlichen Blüten übersäten wunderschönen *Olearia* zu bewundern.

*Crambe maritima*

(Meerkohl)

*Anaphalis triplinervis*

(Perlpfötchen)

*Campanula lactiflora alba*

(Riesen-Doldenglockenblume)

*Olearia* muß allerdings im Herbst ausgegraben und anschließend im Haus überwintert werden.

Nach der *Olearia* kommt die Rose zur Geltung. Sie ist ein zartgrauer Busch, der einfache weiße Blüten trägt wie großblumige Wildrosen. Wenn diese verblüht sind, entschädigen sowohl *Artemisia* als auch *Hosta* reichlich für die glanzlosen Rosenblätter.

Die *Artemisia* darf in vielen Pflanzungen nur eine untergeordnete Rolle spielen, aber hier ist sie ein Element mit eigenem Anspruch, weil Silber so sehr wichtig ist. In einem Plan, dessen Wirkung auf weißgrauen Blättern beruht, spürt man, daß die Rosenblätter nicht sehr silbrig wirken. Wenn Sie mehr Silber in Ihrer Pflanzung brauchen, ist *Senecio* 'Sunshine' eine Alternative zu den Rosen. Die gelben

Korbblüten, die der *Senecio* hervorbringt, wiegen allerdings den Mangel an Blüten nicht auf: Bestenfalls sind sie ein zweifelhafter Schmuck, und hier würden sie die Gruppierung insgesamt eher stören. Puristen entfernen also die silbernen Knospen, sobald sie sich zu öffnen beginnen.

Links: Eselsdistel und Fingerhut. Diese große Distel wirkt fast wie eine Statue. Nach der Blüte muß man sie zurückschneiden; die Samen sollte man jedoch aufbewahren.

Rahmfarbener Fingerhut und die silbrige Artemisa blühen nicht lange. Aber sie ergänzen sich zu einem wunderschönen, wenn auch kurzlebigen, sommerlichen Bild.

Solche Unbarmherzigkeit mag unnatürlich erscheinen, aber wenn Sie etwas darüber nachdenken, dann ist es nicht schlimmer, als Gras oder Hecken zu schneiden. Gärten sind schließlich per definitionem kultivierte Plätze.

Einige der anderen silbernen Pflanzen brauchen etwas Aufmerksamkeit, damit sie eine Zierde bleiben. Die Disteln (*Onopordum* und *Silybum*) und *Lunaria* sind zweijährige Pflanzen, samen sich aber bei guter Pflege aus. Oder man schneidet sie nach der Blüte zurück und sammelt die Samen. Sie sehen monatelang schön aus und sind deshalb die Mühe, die sie machen, wert.

Auch der Meerkohl gibt ein langes Gastspiel. Seine welligen blaugrauen Blätter bilden für andere Pflanzen einen kräftigen Hintergrund und halten sich noch lange, nachdem die honigduftenden Blüten verwelkt sind.

Wenn die Blütenköpfe abgeschnitten und verwelkte Blätter abgenommen werden,

bleibt die Pflanze den ganzen Sommer eine auffällige Erscheinung. Die großen Pflanzen, die für die Höhe der Pflanzung sorgen, sind, wie in vielen anderen Plänen in diesem Buch, unvermeidlich *Digitalis*, *Lysimachia* und *Campanula*.

Auch die einfachen Stockrosen durchbrechen die Linie rundwüchsiger Pflanzen, müssen aber jedes Jahr erneuert werden, wenn die Rostkrankheit kein Problem werden soll.

Lilien setzen ebenfalls Akzente, wo Platz knapp ist. Mancherorts wird ihnen aber das Leben vom Lilienhähnchen erschwert. Die Madonnenlilie ist häufig eigenwillig und nicht immer ganz einfach zu kultivieren, aber Königslilien, die leicht aus Samen zu ziehen sind, halten sich außer in extrem trockenen Gärten überall. Im Spätsommer ist dieser Flecken mit hauchzarten, silbrigen Blättern und weißen Blüten ganz sicher ein Platz, den man an mondbeschienenen Abenden genießen sollte.

*Centranthus ruber albus*

(Weiße Spornblume)

# Gelbtöne

**G**old und Gelb sind wie Fackelträger, die den Blick auf ihren strahlenden Glanz lenken. Leuchtend und schwerelos, verleihen eingestreute blaßgelbe Blumen einer Gruppe Luftigkeit. Aber weil sie so stark auf Licht ansprechen, müssen sie ganz behutsam plaziert werden.

Gelbe und goldene Blüten vermitteln an grauen Tagen den Eindruck von plötzlich hervorbrechenden Sonnenschein, aber sie sind mit Vorsicht zu verwenden, weil sie messingfarben aussehen können, wenn die Sonne hervorkommt.

Goldregen ist ideal als Laubenbaum, weil er von unten betrachtet am schönsten ist. In dieser Laube am Haseley Court hängen die Blüten herunter wie Lampions, die ihr Licht auf Bändern von creme- und gelbfarbenen Goldlack scheinen lassen.

Die goldenen Heiligenscheine früher christlicher Kunst symbolisierten die Verklärung der Heiligen in ein Reich des Lichtes. Gold und Gelb erinnern daher an Sonne und Ruhm, denn sie sind wie Fackelträger, die den Blick auf sich ziehen und aus anderen Farbtönen hervorscheinen wie eine gehaltvollere Form von Weiß. Gelb läßt uns an Frühlingssonnenschein und Narzissen oder an Ernten im heißen Sommer und an reifes Korn denken, es heitert auf und macht uns fröhlich. Doch obgleich ein dunkler Winkel durch einen Flecken Gold aufgehellt werden kann, kann Gelb auch komplexere Vorstellungen hervorrufen als Sonnenschein und Schlüsselblumen. Denken Sie an Mondlicht, das silbergelb, nicht golden ist, oder an die verwelkten und gelben Herbstblätter, die ganz andere Stimmungen aufkommen lassen. Gelb kann eine melancholische Farbe sein und eine kalte: Nicht umsonst wurde Judas von Holbein und Giotto in traurigem Gelb gemalt. Denken Sie auch an Wespen und ihren schwarzgelben Körper, hier ist das Dunkelste mit dem Hellsten verbunden und verwandelt das Gelb in eine aggressive Farbe.

Gelb hat mit Blau sein doppeltes Wesen gemein und löst entweder glückliche oder traurige Stimmungen aus. Die Dur- und Molltöne von Blau und Gelb sind klarer definiert als die anderer Farben. Wichtiger noch: Gelb scheint den Gartenliebhabern die liebenswerteste Farbe in ihrem Farbkasten zu sein, ist aber in Wirklichkeit eine der Farben, die

Dotterfarbene Korbblüten verändern ihr Erscheinungsbild und wirken heller und frischer, wenn sie mit weißen kombiniert werden, wie der National Trust es in Gunby Hall getan hat.

am schwierigsten einzusetzen sind. Man kann sich nicht immer darauf verlassen, daß Blau ein Gefühl des Wohlbefindens hervorruft, aber es ist selten unangenehm in einer Gartenanlage. Gelb kann dagegen schrecklich sein. Der Hauptgrund hierfür liegt in der wechselnden Wirkung des Lichtes im Garten, von der Gelb stärker als irgendeine andere Farbe beeinflußt wird. Unter der wäßrigen Sonne des Frühlings erscheinen Gelbtöne klar und frisch, aber helles Sommersonnenlicht verwandelt all das Gold in Messing. Und Messing läßt gelbe Sommerrabatten, in denen Goldruten und Sonnenblumen die Strahlen der Augustsonne widerspiegeln, leicht eintönig wirken. Später im Jahr, wenn das Licht seinen Glanz verliert, wird Gelb schließlich wieder erträglich, und das gedämpfte Sonnenlicht besänftigt die Farben.

Blaßgelbe Lupinen und die silbergrauen Blätter des Salbei sind ein ausgewogenes Gegengewicht zu den düsteren blaugrünen *Euphorbia wulfenii* und dem jungen Grün von *Wisteria* und *Abutilon*.

Etagenprimeln, die einen schattigen, feuchten Ort mögen, sind in der Nähe von Wasser ein wunderschöner Frühlingsanblick.

Getrude Jekyll schrieb, daß sie sich immer einen goldenen Garten erträumte: Sie plante einen heckenumrandeten Raum, in dem immergrüne Gehölze während des ganzen Jahres hell und fröhlich wirken sollten, schuf ihn aber nie. Am Crathes Castle in Schottland gibt es eine solche Pflanzung, die weitgehend von ihren Plänen inspiriert wurde. Ich möchte jedoch bezweifeln, daß es viele kleine Gärten gibt, die dafür genügend Platz übrig haben, denn an trüben Tagen wäre der Garten zwar fröhlich genug, aber an sonnigen Tagen von einer Grellheit, die das Auge erschöpfen würde. Der Garten in Crathes hat ausreichend andere Bereiche zur Auswahl, die Besucher an heißen Tagen aufsuchen können. Auf einer kleineren Fläche wäre die Wirkung aber ungefähr so wie die eines Feuers an einem hellen Sommertag unter freiem Himmel. Flammen faszinieren nachts, oder wenn es kalt und grau ist, aber in der Hitze des Tages können sie fast unecht erscheinen. Goldfarbene Pflanzungen geben unter der Sonne ein ähnlich flitterhaftes Bild, und Blumen und Sträucher in vorwiegend gelben Farbtönen setzt man am besten nicht an Orte, auf die die Sonnenstrahlen besonders hart einfallen. Aber Gelb braucht modernen Farbengärtnern nicht vorenthalten zu werden: Mit Bedacht verwendet, kann es den Glanzpunkt einer jeden Pflanzung bilden. Ich kann mir keine Farbzusammenstellung vorstellen,

Das mehrjährige Brandkraut (*Phlomis russeliana*) hat wie die Primel die Gewohnheit, seine Blüten in Etagen anzuordnen, und bevorzugt trockene, sonnige Lagen.

Rechts:
Die gelbe *Lysimachia punctata* hebt die Blautöne der *Hosta*-Blätter und des *Polemonium caeruleum* (Jakobsleiter) hervor und hellt sie auf.

Diese Sonnenuntergangsgruppe aus Sissinghurst, aus gemischtem blutroten Goldlack, der frühen, blaßgelben *Rosa hugonis* und der vergänglichen *Paeonia mlokosewitschii* ergibt im Frühjahr ein ungewöhnliches Farbmuster.

in der es schwierig sein könnte, einen Lichtstrahl Zitronengelb einzufügen, und wenn Sie die Pflanzen an einen schattigen Ort setzen, können Sie sogar jeden Tag des Jahres den Jekyll-inspirierten goldenen Nachmittag genießen.

Gelb zwischen Sonnenuntergangsfarben gibt ein kräftiges Bild, das auch auf einer kleinen Fläche gut aussieht. Im Cottagegarten von Sissinghurst stehen gelblaubige Pflanzen wie *Helichrysum petiolatum* zwischen goldenen Stiefmütterchen, Taglilien, Schafgarben und Sonnenblumen. Hier werden scharlachrote und orange Blumen wie Dahlien, Kapuzinerkresse, Lilien und Löwenmaul eingesetzt, um den Gelbfarben Leben und Kraft zu verleihen. Der Garten ist von goldfarbenen Sträuchern umgeben, aber die orangefarbenen und roten

Strahlend orange-
farbene *Crocosmia*
und schwefelgelbe
Schafgarben, die am
Barnsley House
nebeneinander stehen,
sind eine warme
und gewagte Farb-
kombination und sehen
unter der sanften
Sonne des Spätsom-
mers schöner aus
als früher im Jahr.

Blüten beherrschen und bereichern die Zusammenstellung und erhalten
das Gelb unter den Strahlen der Sonne. Diese leuchtenden Sonnenuntergangsfarben müssen auf kleinen Flecken behutsam eingeplant werden, aber man bekommt ihre verschiedenen Phasen in den Griff, wenn
man viele einjährige (oder im Haus zu überwinternde mehrjährige)
Pflanzen nimmt, die sehr lange blühen. Ziel ist es, den Ort mit Farbe zu
tränken und dabei die Kraft der Rot- und Orangetöne so kräftig wie die
der Gelbtöne zu halten und sie gelegentlich sogar stärker werden zu lassen. Diese Wirkung läßt sich nicht mit Pflanzen erreichen, die gemäch-
lich vor sich hin blühen, und wird auch durch zuviel Grün aufgehoben.
Im Sonnenschein spielen grüne Blätter eher ins Gelbe als ins Blaue, was
die Gelbwirkung in einer Pflanzung auf ein unerträgliches Maß erhöhen
kann. Im Schatten sind sie jedoch scheinbar violett getönt, und das bietet dem Auge in einer gelbbetonten Anlage Erholung. Es ist ein altes
Vorurteil, daß Gelb und Purpur bestens zueinander passen (in Wirklichkeit sehen sie zusammen in höchstem Maße scheußlich aus), aber dennoch ist etwas Wahres daran. In dunklen Ecken gewinnt Gelb durch die
Schatten, die die grünen Blätter umgeben, und empfängt dadurch eine
Spur von dem Purpur, das Sie sehen, wenn sie eine Zeitlang auf etwas
Gelbes starren und dann Ihre Augen schließen. Außerdem erscheint ein
ganz zartes Violett mit kräftigstem Gelb wesentlich ansprechender als
das Erbe der viktorianischen Farbtheoretiker, das uns Purpur und Gold
zu gleichen Teilen gibt, eine Kombination, die auf mich immer hart und

Der scharfe Kontrast
zwischen der schar-
lachroten *Lychnis chal-
cedonica* und der gol-
denen Schafgarbe wird
hier überbrückt durch
Fackellilien, die beide
Farben eine Spur blas-
ser enthalten.

Die gelbe Rose 'Lawrence Johnston' ergibt mit dem blauen *Ceanothus impressus* eine sowohl ausgewogene als auch kräftige Komposition. Die Kombination komplementärer Farben ist bei Künstlern und Designern seit Monets Zeiten und bereits früher beliebt. Auch Lanning Roper verwandte Gelb und Blau gerne in dieser Weise.

gleichzeitig herrisch wirkt, ob in der Sonne oder im Schatten. Es geht manchmal gut, wenn die Betonung auf kräftigstem Purpur liegt und das Gelb zu einem sehr blassen Creme abgeschwächt wird: Eine Pflanzung des gewöhnlichen *Rhododendron ponticum* mit der cremefarbigen *Rosa hugonis* und rosig-malvenfarbenen Tränenden Herzen kann angenehm aussehen. Wenn die gelbe Rose aber auch nur eine Spur heller wäre, könnte sie das Bild verderben.

Monet hellte seine purpurfarbenen Kontraste gern zu Rosa hin auf. Er pflanzte zum Beispiel Sonnenblumen neben rosafarbene Stockrosen. Aber diese Art kühner Mischung braucht Platz, was, wie ich fürchte, auf viele gewagte Farbkombinationen zutrifft. Sie sind dazu bestimmt, aus der Ferne betrachtet zu werden, und wenn sie Gelb enthalten, müssen sie in sehr weiter Entfernung und ziemlich hell sein, wenn andere Farben ebenso viel Aufmerksamkeit auf sich ziehen sollen wie das allesbeherrschende Gold. Wenn Sie schon auf einem begrenzten Raum im grellen Sonnenlicht eine helle Rabatte haben müssen und Gelb ihre Lieblingsfarbe ist, versuchen Sie, diese Farbe vor einen dezenten Hintergrund zu plazieren – vielleicht eine graue Steinmauer, einen weißgestrichenen Zaun oder eine grüne Buchenhecke. Mischen Sie dann Ihre Gelbtöne mit viel Blau und ein wenig Weiß. Wenn Platzmangel kein Problem ist, können die Rosa- und Gelbtöne von Winter-

Gelbe Blüten können vor einem Hintergrund aus grünem Blattwerk, je nach dem Farbton der Blätter, überraschend düster aussehen. Hier neigen die *Centaurea*-Blüten dazu, vor den mittelgrünen Blättern glanzlos auszusehen, wohingegen das kräftigere Gelb der Schafgarbe, deren Blätter eher einen bläulich-silbernen Ton haben, für das Auge angenehmer ist.

*Hemerocallis flava*, die
duftende Taglilie, ist
weniger prunkvoll als
die modernen Hybriden,
aber ihre Blüten in
kühlem Zitronengelb
sind ein wunder-
schöner Beitrag zu
jeder Rabatte. Zarte
Gelbtöne sind in
moderneren Gärten
im allgemeinen ein-
facher einzusetzen als
satte Goldtöne.

jasmin (*Jasminum nudiflorum*) kombiniert mit den leuchtend kirsch-
roten *Salvia* 'Bethellii', Nerinen, späten blaßrosa Rosen und einem
goldenen Liguster die Grundlage für eine lebendige Spätherbstrabatte
sein, obwohl dies eine Pflanzung ist, die nur in einem milden Herbst
ihre ganze Schönheit entfaltet.

Auf einer kleinen Fläche gelingt der komplizierte Ansatz zweifellos
besser. Van Gogh bewunderte die vertrauten heimischen Bilder des
niederländischen Malers Jan Vermeer, ganz besonders ein Portrait, das
in einer beschränkten Farbpalette von düsterem Blau, Zitronengelb,
Perlengrau, Schwarz und Weiß gehalten ist. Ohne das Schwarz, zu
dessen Ausgleich die Menge an Grün verdoppelt werden muß, kann
diese Farbkombination im Garten eine ruhevolle Kombination ergeben,
die sich über die meiste Zeit des Jahres hält.

Als Akzent eingesetzt ist der leichte Hauch von Gelb unschätzbar. Vertikale Pflanzen wie Fingerhut, Königskerze und Rittersporn bringen Höhe
und Tiefe in jede Pflanzung. In Gelb oder Cremeweiß hellen und
lockern sie eine Rabatte auf, denn gelbe Blüten sind anders als rote oder
blaue Blumen schwerelos und strahlend zugleich. Eine großzügige Ver-
teilung weißer Blumen erfrischt und stimmt die Farben eines Sortimen-
tes aufeinander ab, dasselbe Vorgehen mit Zitronengelb statt Weiß sieht
noch weicher und zarter aus. Die großen wolligen Königskerzen, die

Hier zieht die Rose
alle Aufmerksamkeit
auf sich, weil die
rosaweißen Blüten der
*Kolkwitzia* nicht
kräftig genug sind, ihr
klares Gelb auszu-
gleichen. Ein kräftige-
res Rosa wäre für
die ziemlich herrischen
Eigenschaften einiger
Gelbtöne schon eher
ein ebenbürtiger
Partner. Monet liebte
Rosa mit Gelb.

einfache gelbe Stockrose und die blasse Form der Nachtkerze lockern auch die langweiligste Pflanzung auf.

Weiß ist ein guter Begleiter für Gelb, weil es für das zusätzliche Gelb, das im Grün vorhanden ist, zu entschädigen scheint. Gelb mit Grün ist strahlend und kann (besonders im Sonnenlicht) zu viel des Guten sein. Es wird aber von Weiß gleichzeitig gedämpft und gereinigt. Pflanzen mit weiß- oder cremepanaschierten Blättern sind nützliche Accessoires in gelben Rabatten.

Die unmittelbare Wirkung von Gelb erklärt die große Vorliebe vieler Gartenliebhaber für diese Farbe. Narzissen und Forsythien verdrängen andere Farben aus den Frühjahrsgärten, aber letztendlich verdirbt ihr vordergründiger Glanz die Wirkung. Achtsamere Gärtner sollten den Gebrauch von zuviel Gelb aus diesem Grunde vermeiden. Gelb läßt sich schwerer in ein Gartenbild einpassen als Rosa oder Blau, aber für diejenigen, die bereit sind, sich der Herausforderung zu stellen und die gerne mit Farben und Pflanzen experimentieren, kann Gelb den Garten sowohl aufhellen als auch auflockern.

Links:
Spätsommerrabatten, wie diese in Gunby Hall in Lincolnshire, sehen mit ihrer Palette warmer Bronze- und Gelb-, Ocker- und Orangetöne im Herbst oft am schönsten aus.

Eine gelbe Frühlingspflanzung mit den limonengrünen Flaschenbürsten der großen *Euphorbia* und chromgelben *Alyssum* würde später im Jahr sehr hart aussehen. Im Frühling mildert jedoch das schräg einfallende Sonnenlicht sogar strenge Farben.

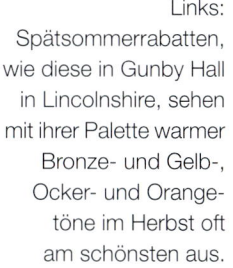

# Blaßgelb und Grau

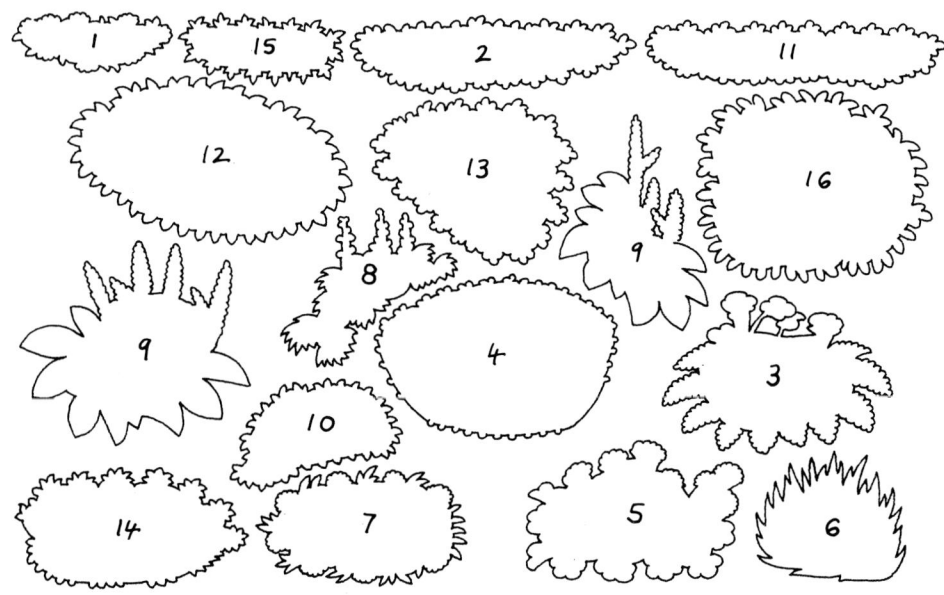

Als allgemeine Unterpflanzung empfohlen: *Narcissus* 'February Silver', *Tulipa sylvestris*, (Wildtulpe) *T.* 'Texas Gold' (gelbe Papageientulpe) und *Oenothera tetragona* (Nachtkerze)

Die zweitbeste Wand eines Hauses (gewöhnlich diejenige, die in der zweiten Tageshälfte in der Sonne liegt) oder ein halbschattiger Platz an einem Zaun oder einer Gartenmauer wäre für diese gelbgraue Ganzjahresgruppe ein idealer Platz. Im Gegensatz zu der gelbblauen Pflanzung ist sie nicht für einen Blütenhöhepunkt im Sommer ausgelegt, sondern soll uns das ganze Jahr über erfreuen. Sie wird nie sehr blütenreich sein, obwohl sie dank der sich nicht verändernden Farbe der Ölweide nie trübe aussieht. Auch macht diese Gruppe weniger Arbeit als Pflanzungen, die andauernd blühen sollen. Die Stimmung ist im Winter fröhlich, in den Sommermonaten ruhig und kühl, luftig und elegant.

Den ganzen Winter über trägt der goldene Jasmin Blüten, die vor der Mauer wie vom Himmel herabfallende Sternschnuppen wirken, und bildet einen aufregen-

den Blickpunkt im Garten. Sein Begleiter durch die schlechte Jahreszeit ist die Ölweide *(Elaeagnus)*, die das ganze Jahr über silberne, gelbe und grüne Blätter trägt. Die Sorte 'Limelight' ist langsamwüchsiger als der häufigere Variegata-Typ, ihres feinen Musters wegen die Geduld aber wert, die sie fordert. Die aufgeführte *Santolina* ist ebenfalls eine ungewöhnliche Form mit weniger silbernen Blättern als das bekannte Heiligenkraut und schwefelgelben anstelle der gewöhnlichen hellgoldenen Blüten im Sommer. Wie ihre Verwandte wächst sie zu einem buschigen Strauch mit aromatischem federartigem Blattwerk heran. Alle Heiligenkräuter brauchen einen ordentlichen »Haarschnitt«, wenn das schlimmste Wetter vorüber ist, um sie für die Sommermonate in Form zu halten.

Selbst eine gedämpfte und nicht reichblühende Pflanzung kann eine oder zwei

Rosen enthalten. Die Sorte 'Mermaid' ist praktisch immergrün und trägt den ganzen Sommer über große einfache Blüten. Wegen ihrer vielen Dornen und des kräftigen Wuchses ist sie eine »Bestie«, wenn es ans Zurückschneiden geht, und wahrscheinlich verheddert sie sich mit der *Lonicera* 'Graham Thomas'. Aber ich meine, sie ist es wert, daß man zweimal im Jahr in »eine Rüstung steigt«, um sie im Zaum zu halten. Die Rosensorte 'Golden Wings' ist dafür leichter zu pflegen. Der

*Clematis rehderiana*

Vorteil dieser beiden Rosen ist, daß ihnen die Sonne nicht ins Gesicht scheinen muß.

*Origanum* ist eine Pflanze, die ebenfalls ohne direkte Sonne auskommen kann. Starkes Licht schadet seinen Blättern und läßt sie verbräunen. Diese aromatische Mittelmeerpflanze gedeiht also am besten im Schatten. Weitere Pflanzen, die es nicht übelnehmen, wenn sie den Sonnenschein entbehren müssen, sind Veilchen, die sich so nett »herumtreiben« und zwischen anderen Pflanzen aussamen, und der düstere Eisenhut, der immer einen wichtigen vertikalen Blickfang darstellt (obwohl diese Form sich gern niederlegt).

Die besten vertikalen Pflanzen sind die wollenen, grauen Königskerzen, die auf jeden Fall einen Standort in voller Sonne und gut durchlüfteten Boden bevorzugen. Aber um des Bildes willen lohnt es sich, es hier mit ihnen zu versuchen.

Wie verzweigte Kerzenleuchter beherrschen Königskerzen diese blaßgelbe und graue Rabatte vor einer warmen Mauer. Sie sind zweijährig, samen aber aus. Dies ist eine Pflanzung in gedämpften Farben, die das ganze Jahr über gut aussieht.

Pflanzenfreunde lehnen es ab, Pflanzen an Standorten wachsen zu lassen, die sie sich von Natur aus nicht aussuchen würden. Aber ein Garten ist ein Werk von Menschenhand und kein Wald, und deshalb verletze ich die Regeln gelegentlich ganz gern.

Wenn die Königskerzen nicht gedeihen und der Standort sehr schattig ist, können Sie auf die »vorschriftsmäßigen« Pflanzen zurückkommen. Fingerhut wären ein naheliegender Ersatz, vor allem die cremegelbe Form *Digitalis lutea*, obwohl sie nicht so graue, samtige Blätter hat wie die Königskerze.

Der *Phygelius* braucht eine sehr geschützte Lage, aber meiner Erfahrung nach kommt er auch ohne direkte Sonne aus. In sehr milden Wintern ist er immergrün, und er hat eine lange Saison mit eleganten, cremegelben, röhrenförmigen Blüten, die sich bis weit in den Herbst hinein halten. Er gehört zu den ungewöhnlichen Pflanzen, die Sie aus der Ferne sehr wahrscheinlich gar nicht wahrnehmen, die aber aus nächster Nähe durchaus interessant sind.

Dasselbe gilt für viele der Pflanzen in diesem Plan. Ein Sortiment, mit dem es sich so mühelos leben läßt wie mit diesem, beeindruckt oder überrascht nicht, es macht aber das Stückchen, auf dem es steht, zu einem ausgewogenen und angenehmen Teil des Gartens, an dem Sie sich an den meisten Tagen des Jahres erfreuen können und bei dessen Anblick Sie immer wieder neue Details entdecken werden.

# Blaßgelb und Blau

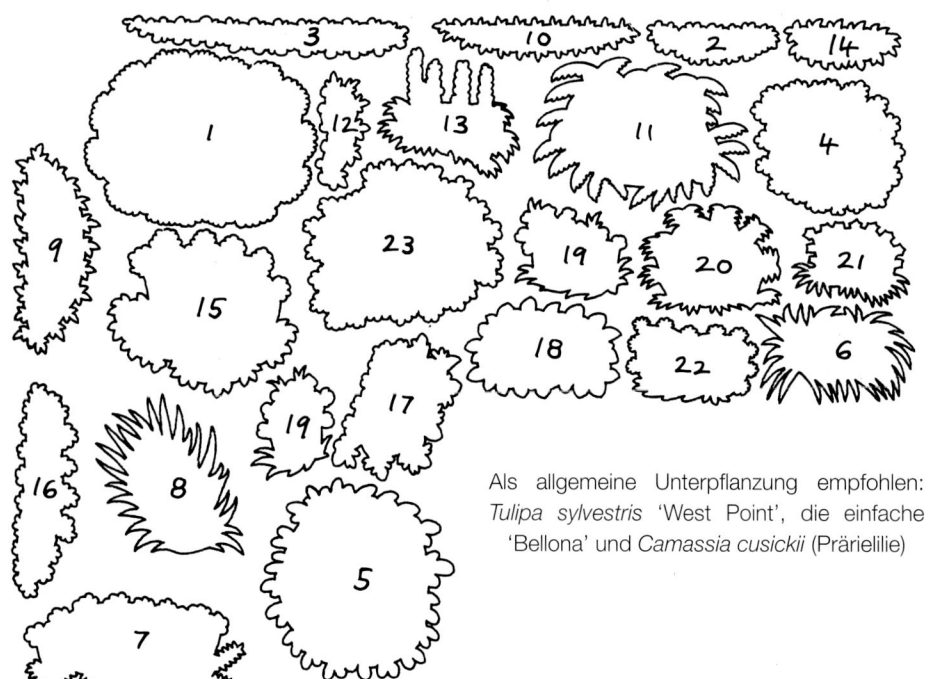

Als allgemeine Unterpflanzung empfohlen: *Tulipa sylvestris* 'West Point', die einfache 'Bellona' und *Camassia cusickii* (Prärielilie)

Beete, die das ganze Jahre über attraktiv sein sollen, verwässern ihre Sommerwirkung häufig, weil sie einen Ballast von immergrünen Pflanzen im hinteren Teil der Rabatte tragen. Wo viel Platz ist, kann dies getarnt werden, aber kleine Gärten brauchen wintergrüne Sträucher, die das Rückgrat einer Farbgestaltung bilden können.

In den Wintermonaten werden auf der Straße Sträuße der gelben ballartigen Blüten der Akazie verkauft, und ihre farnartigen bläulichgrauen Blätter sind das ganze Jahr über wunderschön. Die Akazie ist eine Pflanze, die nicht winterhart ist, aber in geschützten Winkeln wie diesem lassen sich zumindest im Weinbauklima häufig auch Pflanzen halten, die nur bedingt die kalte Jahreszeit überstehen. Viele der Kübelpflanzen wachsen so schnell, daß sie dort, wo sie in einem harten Winter eingegangen sind, rasch ersetzt wer-

den können. Mit einigen der übrigen für diese blaßblau-gelbe Gruppe ausgewählten Pflanzen muß man ebenfalls ein kleines Risiko eingehen, aber keine von ihnen ist schwer am Leben zu halten, wenn der Winter milder ist. In kälteren Regionen muß ein Teil dieser Pflanzen zum Beispiel im Wintergarten überwintert werden (siehe Hinweise im Pflanzenverzeichnis). Sie können aber als Anregung für dort winterharte Arten mit ähnlichen Eigenschaften dienen.

Eine sicherere, aber langweiligere Alternative zu der Akazie könnte eine große, zitronengelbe *Cephalaria*, im Notfall auch eine *Scabiosa* sein, die den ganzen Sommer über sporadisch blüht. Auch der *Melianthus* und die *Azara* haben eine kräftigere Konstitution als die Akazie. Sie überleben den Winter aber nur in milden Klimaten. Die *Azara* ist ein immergrüner, grätenförmig wachsender Strauch, der

früh im Jahr winzige Wölkchen nach Vanille riechender, blaßgelber Blüten trägt. Wie die Akazie trägt sie Blätter, die gut zu

An einem sehr warmen Standort würden die Winterblüten der Akazie dieser Rabatte Anmut verleihen. Während des übrigen Jahres bietet sie ein anhaltendes Farbenmuster aus Gelb und Blaßblau, wenn ihre Farben auch nie kräftig sind.

*Cephalaria gigantea*

(Kaukasus-Schuppenkopf)

dieser verhaltenen blaßblaugelben Sommerfarbengruppe mit etwas Grau als Unterstützung passen wird. *Melianthus* ist ebenfalls mehr wegen seiner Blätter als wegen seiner Blüten bemerkenswert. Im strengen Winter stirbt die Pflanze oberirdisch ab. Mit Winterschutz bleibt sie aber unterirdisch am Leben erhalten, bereit für ein blaugrünes Wachstum von 1,80 m im folgenden Jahr.

Wenn die Tulpen und Prärielilien fast verblüht sind, überflutet die erste Farbwelle von den luftigen, cremefarbenen Blütenblättern der *Rosa hugonis* und der zitronenkühlen *Paeonia* diese Pflanzung. Beide tragen einfache Blüten. Die Rose hat zudem filigrane Blätter, so daß sie zart wie ein Aquarell wirken. Hinter ihnen ist die Säckelblume im Frühsommer mit blaßblauen Büscheln bedeckt, und die Rittersporne und Storchschnabel spenden, unterstützt von der wäßrig-lavendelfarbenen Jakobsleiter, kräftigere Farbe.

Zusammen mit den Iris und den Glockenblumen sorgen sie für Farbigkeit, bis die Rosen diese Aufgabe übernehmen. 'Tynwald' ist eine neue, cremefarbene Teehybride mit satten Blüten und glänzender Blattoberfläche. Sie muß stark zurückgeschnitten werden, damit sie nicht zu hoch wird, ist aber robust, langblühend und widerstandsfähig gegen Krankheiten. Ich weiß nicht, warum sie nicht stärker verbreitet ist. Nachdem ihr Blütenschwall vergangen ist, läßt die Rose 'Alister Stella Gray' ihre sonderbaren Blüten den ganzen Sommer über sprießen.

Wiesenraute und Fenchel werden in die Pflanzung hineingenommen, um Höhe und Leichtigkeit in das Bild zu bringen. Wie alle Pflanzen auf diesem kleinen Raum brauchen sie eine Erziehung, damit sie nicht zu üppig werden. Beide bereiten Probleme, wenn sie sich aussamen.

*Campanula persicifolia*

(Pfirsichblättrige Glockenblume)

*Acacia dealbata*

(Akazie)

Der Sommer klingt aus mit porzellanblauem Salbei, den cremefarbenen Blüten des *Argyranthemum* sowie den blauen und gelben Clematis. Wer das blaue Element als zu stark empfindet, kann die mehrjährige, aber blasse Form der Nachtkerze in die Lücken pflanzen. Bei allen Blumen, einschließlich des enzianblauen Rittersporns, müssen die verwelkten Blüten entfernt werden, damit sie das Bild nicht stören. Bei regelmäßiger Pflege und Düngung dürften die Belladonna-Rittersporne, anders als ihre höheren Verwandten, den ganzen Sommer über blühen.

Wenn Sie die Blumen »Überstunden« machen lassen möchten, um diese Wirkung zu erzielen, müssen Sie bereit sein, ihnen reichlich Aufmerksamkeit zu schenken.

Auch auf sich selbst gestellt, wird eine Pflanzengruppe wie diese sicherlich Leistung bringen, aber um ein richtiges Schauspiel zu werden, muß sie hingebungsvoll gepflegt werden. *Ceanothus*, *Azara*, *Acazia* und *Melianthus* wollen im Auge behalten werden, sonst schwächen sie die Wirkung zurückhaltender Farbe ab. Alle Clematis-Arten müssen stark zurückgeschnitten werden, damit die Wintersträucher zu sehen sind, und die Rosen brauchen viel Pflege, wenn sie die Hauptstütze und Zierde des sommerlichen Gartens sein sollen.

*Camassia cusickii*

*Polemonium caeruleum*

(Jakobsleiter)

*Tulipa sylvestris* 'West Point'

mit *Brunnera macrophylla*

*Rosa hugonis*

# Gelb und Weiß, Sträucher für den Schatten

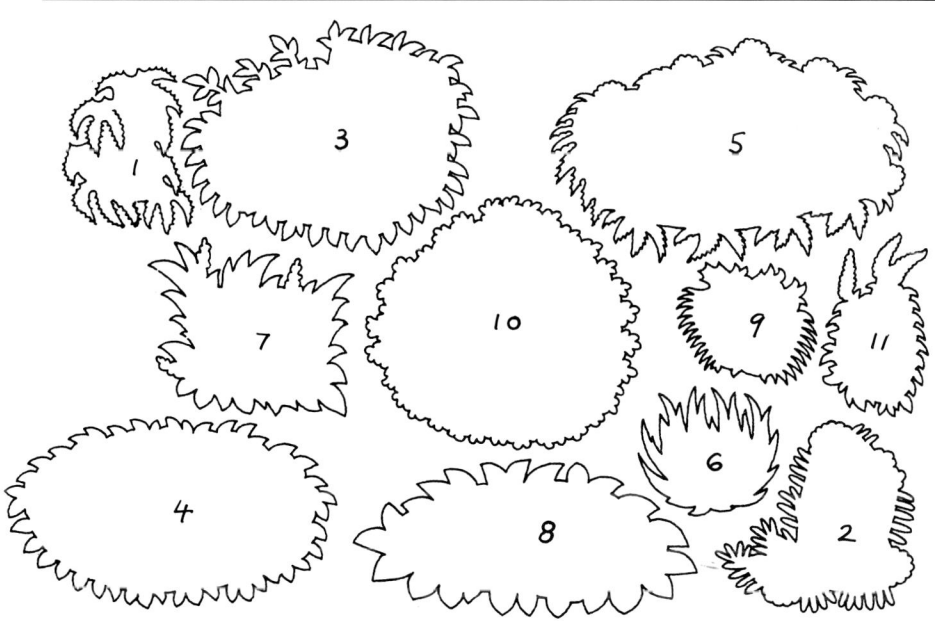

Ein gelber Innenanstrich kann in einem nach Norden liegenden Zimmer Wunder wirken und erweckt die Illusion von Sonnenschein, wo die Sonne nie scheint. Ein goldener Farbfleck im Garten hat eine ähnliche Wirkung. Da die Sonne dazu neigt, die Blätter gelb- und weißgrüner Sträucher zu versengen, passen diese hell leuchtenden Pflanzen meist besser in den Schatten. Dort können sie nämlich die dunkleren Schlupfwinkel des Gartens sehr gut erleuchten.

Diese Gruppe könnte an einem Ort stehen, bis zu dem die Sonne niemals vordringt, im Schatten von Häusern oder unter ein paar düsteren, aber nicht zu dichten Bäumen. Die berühmte englische Gärtnerin Alvilde Lees Milne pflanzte den goldenen *Philadelphus* 'Aureus' unter dem Baldachin einer riesigen Zeder (bis ein Sturm den Baum eines Tages umstürzte), so daß ihr Garten im Frühjahr aussah, als ob die Sonne unter dunklen Zweigen schien. Viele ahmten dieses Beispiel nach. Leider ist den wenigsten Gärtnern heute klar, daß Schattenpflanzen und Bodendecker nicht trübe wirken müssen.

Diese Pflanzung ist problemlos und braucht einen oder höchstens zwei Tage Pflege im Jahr, um sie so zu erhalten. Die Hauptattraktion ist der *Sambucus racemosa*. Diese Form wächst langsamer als der gewöhnliche goldene Traubenholunder (*Sambucus aurea*), und seine Blätter sind bronzefarben, wenn sie sich öffnen. Wer zu Beginn des Jahres etwas Gelbes sehen möchte oder es nicht abwarten kann, bis die auffälligere Version wächst, sollte sich mit der gewöhnlichen Form begnügen. Sie wird niemanden enttäuschen, entbehrt allerdings der Finesse ihrer vornehmeren Verwandten. Pflanzen für kleine Gärten werden nach dem Motto »Nur das Beste« ausgewählt. Solch auf das Detail gerichtete Aufmerksamkeit mag sich anspruchsvoll anhören, doch geduldiges Warten auf das Reifen der Dinge und Sorgfalt beim Auswählen der für eine Farbzusammenstellung perfekten Pflanze gehören zu den wünschenswertesten Tugenden eines kritischen Gärtners.

Der zweite große Strauch im Bild ist der Asiatische Hartriegel mit seinen siegelwachsroten Stielen, die im Winter fröhlich leuchten, und seinen weißbunten Blättern, die ihn den ganzen Sommer über schmücken. Alte Triebe müssen jährlich zurückgeschnitten werden, damit der Strauch das Format behält und auch um die Abscheidung des Siegelwachses zu fördern, denn nur die jungen Zweige sind wirklich rot. Die Rose 'Golden

*Cornus alba* 'Elegantissima'

(Asiatischer Hartriegel)

Wings' ist im Schatten verläßlich. Dort wird sie zwar nicht üppig blühen, ihre sporadischen einfachen Blüten sind aber eine Augenweide, wo immer sie erscheinen.

Wenn Sie sich für die lange Wartezeit und den bronzefarbenen Frühling des *Sambucus racemosa* entschlossen haben, entschädigen die frühen Blätter des goldenen *Philadelphus* 'Aurea' den Mangel an Goldtönen. Aber wenn die Blätter des Holunderstrauches gelb werden, beginnen auch die des Pfeifenstrauchs zu verblassen und werden bis zum Hochsommer meist grün. Wenn Sie mehr aus dem Bereich machen wollen, können Sie den Pfeifenstrauch durch jährliches Ausschneiden allen alten Holzes lichtdurchlässig halten, so daß zu seinen Füßen weißbuntes Immergrün (*Vinca*) stehen kann. Dies sollten Sie allerdings nicht versuchen, wenn Sie das Gleichgewicht der Kräfte gern der Natur überlassen, denn das Immergrün würde den Pfeifenstrauch bald erdrosseln, wenn es sich selbst überlassen bliebe.

Die hier gewählten krautigen Pflanzen sind pflegeleicht und sehen die meiste Zeit des Jahres gut aus. Die Königskerze mit ihren grünen, wie ein wertvolles Kleid plissierten Blättern braucht wie die *Hosta* Schutz vor Schnecken. Die großen Blätter dieser beiden Pflanzen spielen in dem Beet eine wichtige Rolle, weil sie unsere Aufmerksamkeit von dem Pfeifenstrauch ablenken, der ja nur ein »Gastspiel« gibt. Die Iris (es handelt sich um die Art, die das Aroma »Veilchenwurzel« für die Dufttöpfe liefert) blüht auch im Schatten und wirkt neben der *Euphorbia* (die eine Frau Robb im Balkan entdeckte und in einer ihrer Hutschachteln mit nach Hause brachte) wie ein kleines Ausrufungszeichen. Die runde *Euphorbia polychroma* wäre von der Form her vielleicht die bessere Wahl gewesen, aber

*Euphorbia amygdaloides robbiae*

(Mandel-Wolfsmilch)

*Sambucus racemosa* 'Plumosa Aurea'

(Traubenholunder)

*Veratrum album*

(Weißer Germer)

ihre Blüten sind viel greller gefärbt. Ich würde daher die dunkelgrüne *E. robbiae* mit ihren limonengrünen Blüten wählen, die es letzten Endes auch nicht übel nimmt, vom Holunder beschattet zu werden.

Ebenfalls limonengrün sind die Blüten des korsischen *Helleborus*, die wegen ihrer sehr langen, fünfmonatigen Blühzeit wirklich einen Platz im Buch der Rekorde verdienen.

Außer der Rosenblüte lenken im Sommer nur die weißblühende Königskerze, die *Lysimachia* und die Türkenbundlilien mit ihren vertikalen, hoch aufragenden Strukturen die Aufmerksamkeit auf sich.

Aber der Holunder ist ein gewaltiges Schauspiel. Insgesamt ist die Pflanzung ein interessanter, wenn auch unspektakulärer Hintergrund, der auch meine ungünstig gelegenen Winkel Helligkeit bringt.

*Hosta fortunci albopicta*

*Lysimachia clethroides*

(Entenschnabel-Felberich)

*Iris florentina*

(Schwertlilie)

Goldene und grünweiße Blätter sowie Blüten in Weiß und Gelb erzeugen die Illusion von Sonnenlicht, wo Schatten ist. Im Sommer werden die Gelb-Grün-Töne des Pfeifenstrauches und Holunders durch die weißfleckigen Blätter des Hartriegels und der *Hosta* aufgehellt.

# Gemischte Farben

**E**ine begrenzte Farbpalette ist leichter zu handhaben als der gesamte Farbbereich, und Pastelltöne sind auch eine sichere Wahl, aber Blumen in allen Farben des Regenbogens zu mischen ist unwiderstehlich.

Die meisten Gartenliebhaber neigen dazu, mit Pastellfarben auf Nummer sicher zu gehen, aber dieser inspirierte Umgang mit leuchtenden Farben am Snowshill Manor zeigt die brillante Wirkung, die sich mit einer kräftigen Mischung erzielen läßt.

Wenn Sie sich zum Beispiel eine Rabatte vorstellen, die auf einer Primärfarbe (Rot, Blau oder Gelb) und einer anderen kräftigen Farbe, gemischt aus derselben und einer anderen Primärfarbe (Lila, Grün oder Orange), basiert vorstellen, wäre die dritte Farbe, die Sie gefahrlos zu diesen Farben gesellen könnten, ein blasser Ton der dritten Primärfarbe, das heißt der Farbe, die nicht den bereits gewählten Farben enthalten ist. Eine Gruppe von Pflanzen, in denen Blau und Grün betont werden, würde beispielsweise durch Hinzufügen von Rot nicht gewinnen, aber an Rosa würde niemand Anstoß nehmen. Wären die Farben Rot und Lila vorherrschend, so wäre – ebenso wie bei einer Blau-Lila-Planung – dementsprechend Blaßgelb eine glücklichere Wahl als Goldgelb. Dasselbe Prinzip auf die Kombination von roten oder gelben mit orangefarbigen Blumen angewendet würde es Ihnen gestatten, eher Blaßblau als einen satteren Farbton zu verwenden.

Das klare Rot des *Penstemon* im Vordergrund beherrscht die blaugetönten Rosafarben und Lavendelblautöne der übrigen Rabatte. Wenn das Blau der Katzenminze weniger Rosa enthielte, wäre das Ergebnis weniger beruhigend, aber verblüffender.

Eine andere Möglichkeit, Farben in einem erträglichen Maß zu halten, besteht darin, viel Weiß einzusetzen. Maler wissen um die »übergreifende« Wirkung, die am extremsten ist, wenn Farben auf einen schwarzen oder dunklen Hintergrund aufgetragen werden. Weiß hat die gegenteilige Wirkung: Umgeben von Weiß behalten Farben ihre jeweilige Identität und werden durch benachbarte Schattierungen nicht beeinträchtigt. Hellrote neben hellblauen Blumen verschmelzen zu einem schweren Purpur. Wenn sie durch Weiß getrennt werden, behalten sie aber ihre Frische. Dies ist in einem Blumenbeet schwerer zu realisieren als in einem Gemälde, aber es geht.

In kleinen Rabatten, in denen dicke weiße Farbflecke zu viel Raum einnähmen, können Sie Weiß vertikal in die Pflanzung bringen. Es mag vielleicht nicht genügend Platz für eine Gruppe ausdauernd blühender Margeriten sein, aber es ist fast immer Platz für ein paar *Digitalis* oder

Große Mengen weißer Glockenblumen halten die übrigen Farben sehr ruhig und getrennt. Weiß erlaubt es Ihnen, alle beliebigen, ja sogar sich beißende Farben zu kombinieren.

Die Verwendung von viel Weiß läßt diese Pflanzung heller erscheinen als die auf dem gegenüberliegenden Bild, obgleich die Farben der Blüten eigentlich gedämpfter sind als die in der Rabatte in Crathes.

Links:
Am Crathes Castle in Schottland verschmelzen wolkige Rabatten in zarten Sommerfarben zu einer beruhigenden Komposition aus Graublautönen.

*Lysimachia.* Sogar Rittersporn spendet Ihnen mehr Blütenfülle für den Raum, den er einnimmt, als eine mehrjährige Pflanze wie die Pfingstrose, die das Beet mit ihrer runden Kuppelform flächig füllt. Auf einer wesentlich kleineren Fläche können Pflanzen wie *Omphalodes linifolia*, eine schlanke Einjährige, *Heuchera* 'Greenfinch' oder der weiße *Asphodelus* (Affodill) in einer Blumengruppe Weiß einbringen, ohne zu viel Platz zu belegen.

Wo die ständige Anwesenheit von Weiß gefragt ist, um zu verhindern, daß Farben aufeinanderprallen, können weißbunte Blätter nützlich sein und oft frischer als graue aussehen. Delacroix lehnte Grau ab, weil es die Farben beeinträchtigt.

Er hatte Recht: Zuviel Grau kann die Farben finster machen, weil Grau die Eigenschaft hat, die Komplementärfarbe der Nachbarfarbe anzunehmen. Neben roten Blüten wirken graue Blätter also grünlich, neben gelben sind sie purpurn getönt, was eine dämpfende und verdunkelnde Wirkung auf die Blütenfarbe hat. Aus diesem Grunde entfernen empfindsame Gärtner, die die Kombination grauer Blätter mit hellgelben Korbblüten nicht ansprechend finden, die Knospen des beliebten *Senecio* 'Sunshine'. Und dies nicht nur, weil diese Blüten in Rabatten neben anderen Blumen zu hell wirken, denn ich habe auch alleinstehende geköpfte *Senecio*-Pflanzen gesehen.

Ich vermute, daß es mehr mit einer unbewußten Abscheu gegen die dämpfende Wirkung der komplementär purpurgrauen Blätter gegen die

Verschwommene Lavendelblautöne, Malven- und Rosatöne erhalten durch Spuren von Zitronengelb von *Thalictrum* und *Santolina* einen ganz anderen Ausdruck.

Diese originelle Gruppe von tiefpurpurfarbenen und cremegelben Rosen und weißen Pfingstrosen ist eine interessante Abwechslung gegenüber den üblicheren rosafarbenen und blauen Pastelltönen.

gelben Blüten zu tun hat. Reine Silbertöne eignen sich besser als ein steingrauer Hintergrund für helle Farbschattierungen, wenn die Farben kräftig bleiben sollen, denn sie zeigen sie am echtesten und verdunkeln sie nicht.

Wo Helligkeit das Ziel ist, sind weißbunte Farbkleckse an Sträuchern wie *Cornus elegantissima* oder *Pittosporum* 'Garnettii' oder die silbernen Blätter der Königskerzen und Disteln in gemischten Rabatten bessere Verbündete als die matten Grautöne von Pflanzen wie *Senecio*. Sie bringen Licht und Klarheit in die Pflanzung.

Vielleicht ist die letzte Hilfe der Farbnarren die Zeit. Wenn Sie satte Farben lieben, ihr Garten aber klein ist, können Sie den Regenbogen der Blumen nach und nach genießen. Im Verlauf des Jahres kann ein Farbbereich ohne jeden Mißklang nach einer gewissen Zeit in den Hintergrund treten und einem anderen Raum geben.

Wie die hier vorgestellte einfache Strauchrabatte zeigt, können das klare, leuchtende Magentarot und das Blau mit Silber und Weiß im Frühjahr den verschwommenen Rosa-, Grau- und Grüntönen des Sommers weichen, bevor die Rabatte schließlich zu den glühenden Orangerottönen des Herbstes übergeht.

In dieser Pflanzung haben sie auch die zu den Jahreszeiten passenden Farben. Frische, fröhliche Farbtöne im Frühjahr, zarte und kühle, weiche Farben im Hochsommer. Und glühende, feurige Farben werden von der milden Herbstsonne gemildert.

Alte Rosensorten, deren Blüten keine Spur von Orange aufweisen, lassen sich in einer formlosen Mischung wie hier im Lime Kiln Rosarium gut kombinieren.

Rechts:
Rosa und Blau mit Spuren von Weiß bleiben die traditionelle Lieblingsfarben für Sommergärten. Die langblühende und hellrosa Rose 'Surpasse Tour' bringt hier Leben in eine gelungene Anlage nach alter Art.

# Rosa, purpurfarbene und graue Sträucher

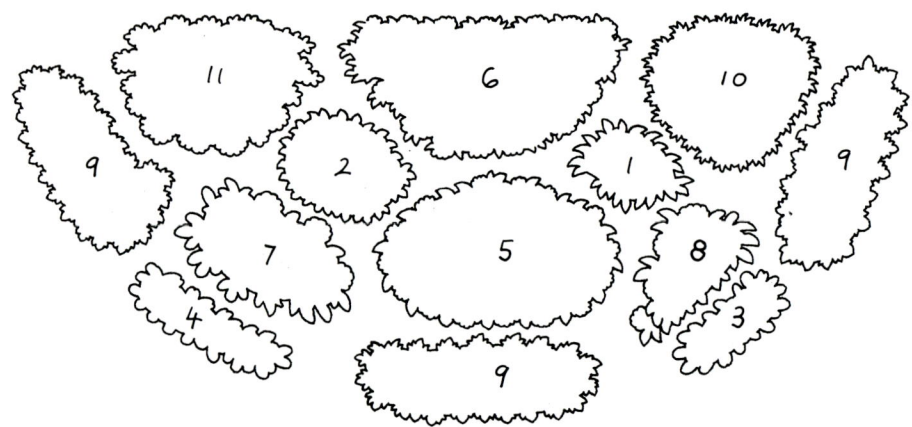

Als allgemeine Unterpflanzung empfohlen: *Cyclamen coum* (Vorfrühlings-Alpenveilchen) und *Anemone blanda* 'White Splendour'

Eine Gruppe von frühen Sträuchern und Stauden ermöglicht hier drei verschiedene Farbgebungen innerhalb eines Jahres und verlangt keinen sonnigen Platz. Im Frühsommer sind Apfelblütenfarben und satte Rosatöne mit Grüntönen gemischt.

### Früher Blühbeginn

1 *Rubus cockburnianus* (Brombeere)
2 *Salix hastata* 'Wehrhahnii' (Gebirgsweide)
3 *Primula vulgaris* 'Alba Plena' (Kissenprimel)
4 *Primula* 'Wanda' (Primel)
5 *Viburnum carlessii* 'Diana' (Korea-Schneeball)

### Früher-mittlerer Blühbeginn

6 *Pyracantha* 'Watereri' (Feuerdorn)
7 *Paeonia lactiflora* 'Instituteur Doriat' (Pfingstrose)
8 *Paeonia lactiflora* 'Félix Crousse' (Pfingstrose)
9 *Geranium macrorrhizum* 'Ingwersen's Variety' (Storchschnabel)

### Mittlerer-später Blühbeginn

10 *Abelia* x *grandiflora*
11 *Rosa* 'Frau Dagmar Hastrup' (Rosa rugosa)

Die Farbgebung in einem Garten muß nicht das ganze Jahr über gleich sein: Diese Gruppe zeigt einen Wandel von Magentarot, Rosa, Weiß und Silber im frühen Frühjahr zu Blaßrosa, Weiß und Grau im Sommer und läßt das Jahr mit scharlachroten Beeren und rosenfarbenen Blättern im Herbst und frühen Winter ausklingen.

Die magentaroten Blüten der Primelsorte 'Wanda' und der im Frühjahr blühenden *Cyclamen coum* stimmen zusammen mit den weißen Trieben der Brombeere und den silberfarbenen Kätzchen der Weide das Jahr gut ein. Später könnten diese Farben künstlich aussehen wie vergessener Weihnachtsschmuck, aber bevor die Bäume sich in ihren Blättermantel hüllen, sehen sie hell und sprühend aus.

Das frühe Jahr ist die Zeit für kurze Farbblitze, die für den Sommer zu grell sind. Farbflecken aus dunkelblauen Traubenhyazinthen (*Muscari*), *Scilla* und Schneeglöckchen drängen sich unter dem Mantel der später blühenden, noch blattlosen Pflanzen hervor, um das Frühjahr mit leuchtenden Farben einzustimmen. In einem anderen Jahr könnten Sie gelbe Zwergnarzissen und Primeln anstelle der blauen Zwiebelgewächse pflanzen. Farbfanatiker probieren vielleicht Blau, Gelb, Purpur und Weiß gleichzeitig und wenden sich nach ein oder zwei Jahren der Karnevalsfarben wieder der feineren Mischung von Magentarot, Weiß und Silber zu.

Welche Zwiebeln auch immer gesetzt werden, die dicken sich entrollenden Blätter der Pfingstrosen, die wie kleine rote Hände aussehen, sind ein zusätzlicher Farbspritzer. Paeonien etablieren sich nur langsam und mögen ein nährstoffreiches und ungestörtes Leben, aber es wird oft vergessen, daß sie nicht nur während der Blütezeit, sondern das ganze Jahr über wertvoll sind: zunächst mit ihren Knospen und sich entfaltenden Blättern, dann mit dem kräftigen Blattwerk, das sich im Herbst rot färbt. Botrytis, ein Schimmelpilz, kann ihre Blätter jedoch noch vor dem Herbst entstellen und faulen lassen, und sobald diese Gefahr droht, müssen Sie aktiv werden. Das Entfernen der Blütenstiele, bevor die Pflanze aussamt, hält die Pflanze kräftig, aber in Extremfällen ist Spritzen die einzige Antwort.

Wenn der Frühling vorüber ist, bietet uns der apfelblütenähnliche Anblick des blaßrosa-weißen Schneeballs und des bodendeckenden Storchschnabel ein sanfteres Bild. Die Pfingstrosen blühen in üppigen sommerlichen Rosatönen und werden, wenn sie verblühen, durch eine sanftere Farbgebung ersetzt. Die langblühende *Abelia* hat keine auffälligen Blüten, aber sie bildet einen grünweißen Hintergrund für die Rose, die den ganzen Sommer über keine Pause einlegt. Die

*Rosa*

'Frau Dagmar Hastrup'

einfachen verschwommen rosa Blüten der *Rosa rugosa* (Kartoffelrose) mit ihren gekräuselten grünen Blättern sind eher beruhigend als anregend. *Rugosa*-Rosen sind von allen Rosen am einfachsten zu ziehen, weil sie so selten vor Schädlingen oder Krankheiten kapitulieren. Die gefüllten Formen, wie zum Beispiel 'Blanc Double de Coubert', heben sich im Garten besser hervor als die einfachen Sorten. Sie bringen allerdings nicht so viele Hagebutten hervor. Wenn der Herbst kommt, werden die Farben wie-

Lackrote Beeren und Hagebutten sind im Herbst zusammen mit den rosa Blättern der Paeonien eine besondere Komposition. Wenn die Vögel sie nicht fressen, zieren die Beeren den Garten monatelang.

*Cyclamen coum*

der heller. Die Paeonienblätter färben sich leuchtend rot, die Rose trägt tomatenfarbene Hagebutten, und der Feuerdorn ist mit glänzend roten Beeren übersät. Und so wird die Atmosphäre schläfriger Sommertage von herbstlichen Feuerwerken abgelöst. Sogar der Storchschnabel, der die übrige Zeit des Jahres so bescheiden ist, inszeniert eine Schau rotbrauner Blätter.

Diese Pflanzengruppe gehört zu den pflegeleichtesten Zusammenstellungen dieses Buches. Die Rose muß nur ganz wenig zurückgeschnitten werden, jedes Jahr kann ein bißchen altes Holz entfernt werden. Auch die Weide und die Brombeere gedeihen besser mit neuerem Holz, und es lohnt sich, Primeln jedes Jahr zu teilen. Ansonsten können – abgesehen von der geringen Gefahr, daß der Storchschnabel sich über das ganze Beet ausbreitet – die meisten Pflanzen bei sehr seltenem menschlichen Eingriff sich selbst überlassen bleiben.

*Anemone blanda*

'White Splendour'

*Primula* 'Wanda'

(Primel)

*Paeonia lactiflora* 'Félix Crousse'

(Pfingstrose)

*Geranium macrorrhizum*

'Ingwersen's Variety'

*Viburnum carlesii* 'Diana'

(Korea-Schneeball)

# Klare Blau- und Rosatöne

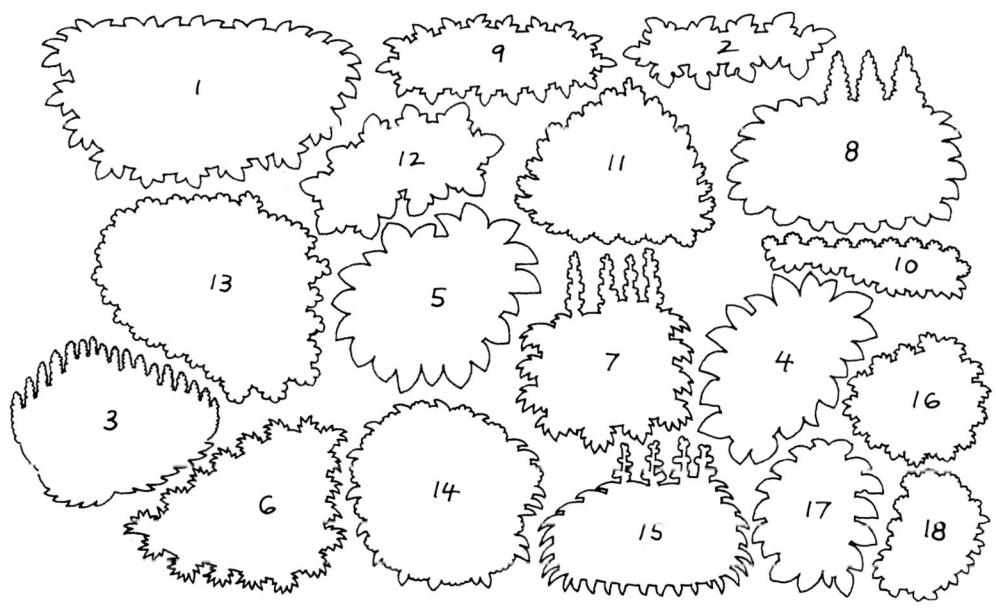

Als allgemeine Unterpflanzung empfohlen: *Tulipa* 'Palestrina' und *T. clusiana*

### Früher-mittlerer Blühbeginn

1 *Weigela florida* 'Variegata' (Weigelie)
2 *Humulus lupulus aureus* (Goldener gemeiner Hopfen)
3 *Salvia* x *superba* 'May Night' (Salbei)

### Mittlerer Blühbeginn

4 *Digitalis lutea* (Gelber Fingerhut)
5 *Digitalis* x *mertonensis* (Fingerhut)
6 *Geranium sanguineum* 'Glenluce' (Storchschnabel)
7 *Delphinium* Belladonna 'Wendy' (Rittersporn)
8 *Salvia sclarea turkestanica* (Salbei) mit *Myosotis alpestris* (Vergißmeinnicht) oder *M.* 'Blue Ball' als Unterpflanzung (früh-mittel)

### Mittlerer-später Blühbeginn

9 *Clematis orientalis* 'Perle d'Azur' (Waldrebe)
10 *Felicia amelloides* (Kapaster)
11 *Perovskia atriplicifolia*
12 *Alcea rugosa*, syn. *Althaea rugosa* (Stockrose)
13 *Rosa* 'Nathalie Nypels' (Floribunda-Rose) mit *Myosotis* 'White Ball' (Vergißmeinnicht) als Unterpflanzung
14 *Helichrysum* 'Sulphur Light' (Strohblume)
15 *Penstemon* 'Apple Blossom' (Bartfaden)
16 *Geranium* 'Ann Folkard' (Storchschnabel)
17 *Nicotiana langsdorfii* (Tabak)
18 *Osteospermum barberae* 'Blue Streak', syn. *Dimorphotheca barberae* (Kapkörbchen)*

In meinem eigenen Garten hat es im Frühsommer Zeiten gegeben, in denen Rosa die vorherrschende Farbe war. Die Kombination vom Rosa, Weiß und Grün der Apfelblüte ist wohltuend, und viele von uns fallen unbewußt auf diese Farbgruppe als Grundlage für den Garten zurück. Rosa ist eine warme und freundliche Farbe, aber eben weil sie »gefahrlos« ist, wählen wir sie häufig und lassen uns damit originellere Kombinationen entgehen. Die hier gezeigte wurde von einer Rabatte in einem modernen niederländischen Garten inspiriert.

Klare Blautöne mit einem bißchen Magentarot, etwas silbrigem Rosa und Zitronengelb sowie Flecken von Weiß ergeben eine wundervolle Sommergruppe, die origineller ist als viele herkömmliche Rabatten. Apfelblütenrosa und Grün sind hier ebenfalls vertreten: im *Penstemon* und im anhaltend blühenden *Geranium* 'Glenluce'. Sie beherrschen die Farbgebung aber nicht.

Rosa kommt auch in der wunderschönen *Salvia turkestanica* vor, die dem Bild Rispen von Silberrosa hinzufügt. Diese Pflanze riecht sonderbar, wenn Sie sie zerquetschen oder verletzen: Einige Leute lieben diesen Geruch, andere aber empfinden ihn als stechend. Deshalb sollten Sie die Pflanze vielleicht nicht direkt an einen Weg pflanzen, wo Sie sie ständig im Vorbeigehen streifen. *Salvia* ist ebenfalls zweijährig, samt sich aber gewöhnlich selbst aus. Weiteres Rosa, Weiß und Grün spendet die weißbunte Weigelie, deren cremefarbig umrandete Blätter für andere Blüten einen schönen Hintergrund abgeben, wenn ihre eigenen blaßrosa Blüten im frühen Sommer verwelkt sind.

Die Süße der Rosatöne wird durch einen Spritzer kräftigen Magentarots des winter-harten *Geraniums* 'Anne Folkard' gewürzt sowie durch die Kraft der klaren Blautöne, die die Grundfarbe der Rabatte bilden. Die *Clematis* 'Perle d'Azur' sieht, wenn sie durch den goldenen Hopfen hindurchwächst, heller aus, als wenn sie

Eine gemischte Pflanzung in einem niederländischen Garten, in dem klare Blau- und Rosatöne vorherrschen und von ein wenig Grau und Schwefelgelb unterstützt werden. Luftige hochaufragende Rispen voller Farbigkeit von Fingerhut und Rittersporn verleihen der Pflanzung Leichtigkeit.

mit rosa Blumen zusammengepflanzt wird, denn Rosa läßt ihr Blau leicht violett erscheinen.

Die spätblühende *Perovskia* bildet eine Gruppe von wunderschön silbrig-lavendelfarbenen Rispen. Ihre weißen Stiele lassen die Blüten blauer erscheinen, als sie in Wirklichkeit sind. Bei dem Beladonna-Rittersporn gibt es dagegen keine Verwirrung: Seine Blüten haben die Farbe des Enzians. Diese luftigen Blütensäulen sind ganz anders als die der Pacific-Delphinien: Es ist schwierig, ganz bestimmte

Sorten zu bekommen, aber sie lassen sich gut aussäen.

Der Trick besteht darin, sie selbst zu ziehen und die besten und leuchtendsten Pflanzen für sich selbst auszulesen. Wenn Sie die verwelkten Blütenstände sorgfältig entfernen, kann die Pflanze insgesamt zwei Monate lang blühen, und wenn sie regelmäßig zurückgeschnitten, gedüngt und gewässert wird, sobald die Rispen welken, blühen sie oft im Herbst noch einmal. Da dieser zweite Flor manchmal etwas dürftig ausfällt, kann man die

Lücke, die der Rittersporn hinterläßt, von *Penstemon* und *Perovkia* überwachsen zu lassen.

Diese Pflanzung enthält einen großen Anteil hoher Pflanzen, weil diese vertikalen Blumen viel Farbe ins Beet bringen, wo der Platz knapp und Farbigkeit deshalb nicht flächig zu erreichen ist. Zwei verschiedene Fingerhutarten und die einfache Stockrose ragen in erdbeerrosa und blassen Gelbtönen auf. Anders als die meisten ihrer Verwandten sind diese *Digitalis* zuverlässig mehrjährig. *D.* x *mertonensis* teilt man am besten nach der Blüte, um sie wüchsig zu halten. Eine Etage tiefer tragen auch die Hochblätter der *Salvia* zu dem Eindruck bei, daß die Rabatte mit Farbe überladen ist. Das Ziel dieser Pflanzung sind Sommereffekte. Sie enthält nichts für den Winter, sollte daher also nicht gewählt werden, wenn Sie nur eine einzige Rabatte haben – es sei denn, Sie beschließen, in den kalten Monaten niemals nach draußen zu schauen und Ihren Garten in einem richtigen Winterschlaf versinken zu lassen.

*Digitalis lutea*

(Gelber Fingerhut)

*Penstemon*

'Apple Blossom'

*Porovskia atriplicifolia*

'Blue Spire'

Eine auf Blautönen aufgebaute gemischte Sommerrabatte ist origineller als eine, in der Rosa vorherrscht. Diese hier wurde durch eine Anlage in einem modernen niederländischen Garten inspiriert.

# Gebrochenes Rosa und Blautöne

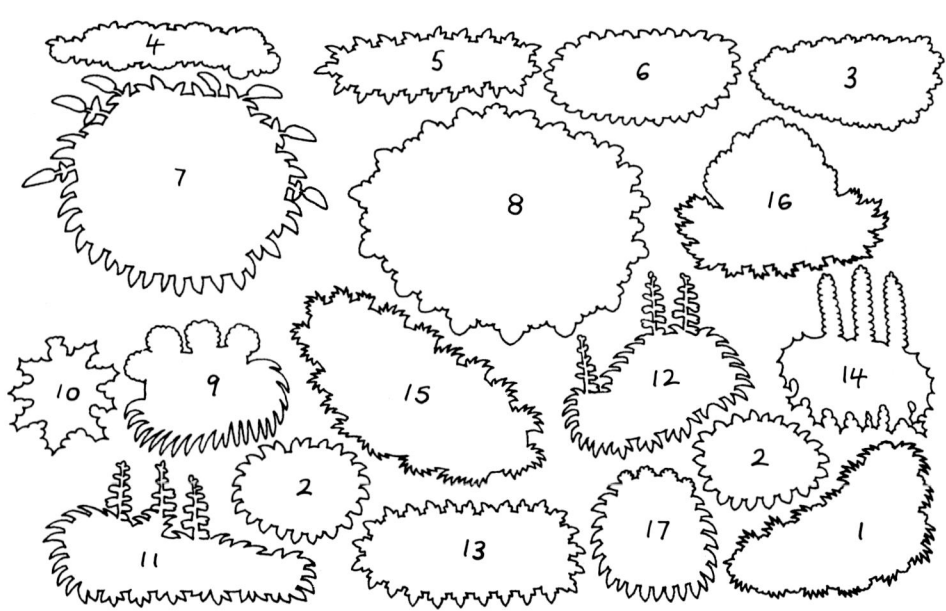

Diese Gruppe kehrt die Betonung der vorhergehenden Anordnung um, denn die Grundfarbe ist hier ein sattes Rosa. Wo vorher Blau vorherrschte, sind nun die Rosatöne mit ihren Schattierungen bis ins Karmesinrot und Burgunderfarbene die bestimmenden Farben.

Das rosagetönte Erscheinungsbild ist leicht zu erreichen, wenn ein Strauch das Mittelstück der Pflanzung bildet, der vom Hochsommer bis zum Herbst in Blüte steht. Unser Strauch ist hier eine der dauerblühenden Malven (in einem dunkleren Ton als die übliche Form), die ein unentbehrlicher Bestandteil von Sommerrabatten geworden sind. Noch dunkler ist die *Buddleja* 'Black Knight', deren Blüten kräftig violett sind. Und da dieses Sortiment auch eine leuchtend rosa Rose, tiefpurpurrote *Penstemon*, intensivblauen *Agapanthus* und die knallig rosafarbene *Verbena* 'Sissinghurst' umfaßt, gibt es reichlich kräftige Farben. Ein Fleck Grau durch die schönste aller *Artemisia*, die Sorte 'Powis Castle', verhindert, daß diese

Kombination protzig aussieht. Weiße Blüten anstelle der grauen Blätter würden hier frischer und heller aussehen, die Komposition wäre aber weniger ausgewogen. Die Grautöne von *Artemisia*, *Lychnis*, *Silybum* und *Perovskia* hingegen dämpfen die lebhaften Farbtöne etwas und verleihen Ihnen eine ruhigere Ausstrahlung. Wären es weniger, könnten sich die grauen Pflanzen zu stark in den Vordergrund drängen, aber in dieser recht großen Anzahl verschwimmen sie im Hintergrund.

Mit der *Escallonia* neben der purpurrosa Rose 'Mme Isaac Pereire' und mit den Blüten der graublättrigen *Lychnis* wurde jedoch auch etwas Weiß hineingenommen. 'Mme Isaac Pereire' ist für manchen Geschmack zu farbgewaltig, aber die *Perovskia* mildert sie ein wenig ab. Die weiße Blüte der *Escallonia* wird nur gelegentlich zugleich mit der Rosenblüte erscheinen, weil 'Mme Isaac Pereire' im Allgemeinen nach dem ersten Hochsommerflor bis zum Herbst eine Ruhepause einlegt.

Anstatt der weißblütigen *Lychnis* hätte man auch eine magentarote Sorte wählen können, um mehr Rosa zu bekommen. Solche Details müssen erst im Lauf der Jahre ausgetüftelt werden, denn letztendlich sind alle Begleitpflanzungen eine

*Agapanthus*

'Headbourne-Hybride'

Das kräftige Rosa der alten Malve zwischen einer berauschenden Sommermischung von dunkelpurpurfarbenen *Buddleja* und blauen *Agapanthus*. Blaue Korbblüten und silberne Blätter stehen im vorderen Teil der Rabatte dicht an dicht.

Frage des persönlichen Geschmacks. Ich ziehe zum Beispiel auch die weiße Clematis 'Huldine' der rosafarbenen 'Lady Balfour' oder der eher malvenfarbenen 'Comtesse de Bouchaud' vor. Beide Sorten belassen die Farbgebung zwar bei Rosa- und Blautönen, was meiner Ansicht nach jedoch zu überladen wirken würde. Ein Kompromiß könnte die Verwendung einer grauen Pflanze im Hintergrund sein. *Rosa glauca* hat unbedeutende rosafarbene, knopfgroße Blüten, aber ihre Blätter sind in der Sonne blaugrau, und später im Jahr trägt sie Hagebutten. Sie kommt aber auf einer größeren Fläche als die hier gezeigte besser zur Geltung. Unter beengten Gegebenheiten könnte ein *Teucrium fruticans* an der Mauer hochgezogen werden. Er hat silbergraue Blätter und kleine, blaßblaue Blüten, die sich den ganzen Sommer über zeigen.

In farblich gemischten Gruppen können bereits wenige neue Pflanzen den Ausdruck einer Rabatte verändern. Diese hier könnte durch mehr graue Pflanzen verschwommener werden oder heller durch Hinzufügen von mehr Weiß und Zitronengelb. Mit sehr wenigen Änderungen ließe sich auch der Blauanteil erhöhen, so daß die Rosatöne mehr malven- als rosenfarben aussähen: Ersetzen Sie *Penstemon*, *Lychnis* und die kleine Aster 'Nanus' zum Beispiel durch eine Gruppe langblühender *Aster* x *frikartii*, dann sieht sogar die *Lavatera olbia* 'Burgundy Wine' eher bläulich als kastanienfarben aus. Die Möglichkeiten und Variationen sind zahllos, wie in allen meinen Entwürfen.

Wagen Sie es also ruhig selbst zu experimentieren. Nur so können Sie schließlich die Variante finden, die Ihnen am besten gefällt.

# Die Farben in den Jahreszeiten

**F**arben verändern sich mit dem Licht und den Jahreszeiten: Der Winter zeichnet das Bild von Stielen und Blättern gestochen scharf; der in Wasserfarben gemalte Frühlingshimmel erfrischt alles im Garten; heiße Sommertage verlangen eine reiche Mischung von Farben, und das schräg einfallende Licht des Herbstes legt über alles einen dunstigen Schleier.

Schräg einfallendes herbstliches Sonnenlicht besänftigt alle leuchtenden Farben, so daß sogar scharlachrote Hagebutten hier sanfter aussehen als in der Sommersomme.

Rauhreif auf abge-
fallenen Ahornblättern
in all ihren herbst-
lichen Scharlachrot- und
Bronzeschattierungen
ergibt ein Winterstilleben
von japanischer
Einfachheit.

Links:
Ist das Herbstlicht
golden, so ist das Win-
terlicht weiß und
zeichnet die Pflanzen
in scharfen Konturen.
Hier leuchtet eine
orangegelbe *Berberis
thunbergii* über
einem bereiften Rasen.

Jede Jahreszeit hat ihre Farben. Wie das Licht im Verlauf des Jahres sich verändert, so verändern sich auch unsere Reaktionen auf das, was wir sehen. Der Winter ist die Zeit für Silber und Grau, für schillernde Schneeglöckchen und blaue Kohlblätter, und auch die Zeit, in der Grün zur Geltung kommt. Im Winter sehen immergrüne Pflanzen, die im Sommer durch die starke Sonne gelblich ausgebleicht werden, unter den schwachen Strahlen der Sonne blauer und kräftiger aus. Die tief stehende Sonne verstärkt auch gelbbunte Blätter oder leuchtenden Jasmin; sie werden so selbst zu einer Lichtquelle. Dieses Strahlen läßt die Bedeutung der Farbe zweitrangig werden. Was Ihnen im Winter an der Farbe Gelb auffällt, ist nicht so sehr, daß sie gelb ist, sondern daß sie leuchtet, und dieser Eindruck wird durch die Kraft der Assoziation noch verstärkt: Der Anblick einer gelben Fläche hat im Winter den zusätzlichen Reiz, daß er an das Sonnenlicht und die Wärme denken läßt, die sommerliche Gärten erfüllen.

Jeder »Sonnenersatz« sieht für sich allein – wie er zu Beginn des Jahres auch ist – oft besser aus, als wenn er von anderen Pflanzen umgeben ist. So muß es auch sein, denn der Winter ist die Zeit, in der es die Schönheit jeder einzelnen Pflanze oder Blüte zu schätzen gilt. Jede im Winter erscheinende Blüte ist eine Seltenheit und verdient größere Aufmerksamkeit als später im Jahr, wenn Überfluß herrscht. Das beste Winterlicht ist klar und zeichnet Stiele und Blätter gestochen scharf. So sind

Die reinweißen Blüten
einer Christrose würde
im Sommer kaum einer
bemerken, in den
kalten Monaten des
Jahres aber sind sie
ein hübscher Blick-
fang. Die alten Blätter
dieser gut gepflegten
Pflanzen wurden
entfernt, um die Blüten
in ihrer ganzen Pracht
zu zeigen.

die Konturen der Pflanzen in die Luft geätzt, fast wie Gravuren, im Sommer dagegen verschwimmt alles zu einem impressionistischen Schleier. Im Winter konzentriert sich der Blick auf einfache Merkmale: Schon eine einfache weiße, vor Schlamm und Schnecken geschützte Christrose kann den Betrachter, der zu einer anderen Jahreszeit mehr erwartet, zufriedenstellen.

Wie Gelb ist auch Weiß in einem schneefreien Winter nicht nur als Abwechslung im Farbton wertvoll, sondern auch wegen des Lichts, das es in einen düsteren Garten bringt. Ein Dickicht der geisterhaften Brombeere *Rubus cockburnianus* verdiente im Sommer keinen zweiten Blick, aber in den kahlen Monaten des Jahres treten die silbernen Stengel wie Zauberstäbe hervor. Andere Farben, die für den Rest des Jahres im Hintergrund verschwimmen, erhalten im Winter eine neue Bedeutung. Die lackroten Stengel des *Cornus alba* 'Westonbirt', der fuchsrote Stamm der Eibe und alle Braun- und Grautöne an den Stämmen und Zweigen von Bäumen und Sträuchern erfreuen das Auge, das um diese Jahreszeit noch auf winterlich spärliche Effekte eingestellt ist.

Frühlingslicht läßt sogar eine rosablaue Farbkomposition frisch und originell aussehen. Auch ein roter Farbspritzer trägt dazu bei, diese Gruppe von Tulpen und Vergißmeinnicht zu etwas Besonderem zu machen.

Wenn Winterlicht den Farben Würde verleiht, so bringt der Frühling ihnen Reinheit. Gelb- und Blautöne scheinen nie so unschuldig wie im Frühjahr, wenn sie die Transparenz eines Aquarells annehmen. Im Winter sähe eine gewöhliche Primel vorwiegend Grün aus (ein schönes, viel Blau enthaltendes Grün), und ihre Blüten spielten eher ins Weiße als ins Gelbe. Im Sommer und Herbst, wenn die Farbtöne ihrer grünlichgelben Blüten und Blätter miteinander verschmelzen, könnte dieselbe Pflanze nichtssagend aussehen. Aber im Frühjahr wird die Primel lebendig. Denn dies ist die einzige Zeit im Jahr, in der die blassen Farbtöne von Blatt und Blüte einander wirklich das Gleichgewicht halten und in ihrem frischesten Zustand zu sehen sind. Auch ist es die Zeit, in der die sanften Grüntöne der jungen Blätter jeder Pflanzung einen blassen Hauch verleihen, als ob sie sich im Wasser spiegeln würde. Auf eine solche Klarheit trifft man später im Jahr kaum noch, wenn alle Blätter das Grün gekochten Spinats angenommen haben und die Luft von Hitze getrübt ist. Zwischentöne sind im Frühjahr klarer: Die blaurosa Blüten der *Pulmonaria* sind wirklich blaurosa, nicht purpurfarben, sondern teils blau und teils rosa, wohingegen das verwaschene »schmutzige« Rosa der

Die rosa und weißen Blüten der Kirsche und der Magnolie ergeben zusammen mit dem zartgrünem Gras und dem Gelb der sprießenden Blätter ein vollkommenes Frühlingsbild.

Das verwaschene Gelb der Primeln kombiniert mit dem intensiven Blau der Traubenhyazinthen ist ein weiteres bewährtes Frühlingsrezept. Es ist interessant, diese Wirkung mit der des *Ceanothus* und der gelben Rose auf Seite 88 zu vergleichen.

*Ribes*, der gewöhnlichen Johannisbeere, vom sanften Frühlingslicht davor bewahrt wird, verwaschen zu wirken. Sogar Orangetöne, die später poliert und metallisch aussehen, tragen im Frühjahr keine Spur von Härte.

Während die Jahreszeit voranschreitet und die Sonne an Kraft zunimmt, verlieren Farben ihre Frühjahrsfrische und werden satter. Das Vermischen und Verschmelzen blumiger Farben, bis sie kaum noch auseinanderzuhalten sind, ist ein Merkmal von Sommergärten. Es gibt eine Vielzahl von kräftigen Rosatönen, außerdem Malven-, Lila- und Purpurtöne sowie Karmesin-, Lachs- und Scharlachrotschattierungen. Bei so vielen Farbabstufungen bedarf es einer entschiedenen Anstrengung, sie so zu gruppieren, daß sie einander gerecht werden. Es gibt auch die Wirkung der Sonne auf Grün, die Ruskin beobachtete: »Zum Beispiel: Wenn Gras aus einem bestimmten Winkel von der Sonne kräftig beschienen wird, verwandelt sich sein Grün in ein eigentümliches und etwas staubig aussehendes Gelb.« Grüntöne tendieren im Sommer zum grünlich-gelben, und wenn sie andere Farben nicht verfärben oder dämpfen sollen, ist es wichtig, hierfür Ausgleich zu schaffen. Die Verwendung kräftiger Blütenfarben ist eine Möglichkeit. Die beiden Pläne, deren Hauptwirkung auf einjährigen Pflanzen beruht, sind aus gutem Grunde so konzipiert, denn die stetige Farbe von Blüten kann helfen, den Einfluß der Grüntöne zu dämmen. Aber ausgeküftelte Anlagen, die auf Pflanzen beruhen, die nicht durchgehend und in weniger gün-

Satte Frühsommerfarben mit scharlachrotem Mohn vor weißem Meerkohl ergeben eine großartige und makellos gepflegte Rabatte am Jenkyn Place. Sie macht auch nur wenig Arbeit, da sie im wesentlichen aus pflegeleichten Pflanzen besteht.

Lavendelblautöne erinnern – eher als die klaren Blautöne des frühen Frühjahrs – an die Hitze von Sommertagen. Hier werden *Agapanthus* und Katzenminze durch Grüntöne mit hohem Blauanteil abgerundet. Das Problem bei so vielen Grüntönen im Sommer ist, daß die Sonne das in ihnen enthaltene Gelb sichtbar macht.

stigen Farben blühen, verlangen eine Abwechslung in Blattfarbe und -größe, um das Grün zu übertönen. Moderne Gärtner greifen oft zu silbernem Blattwerk, um die Monotonie von Grün zu mindern, das verursacht aber wieder andere Probleme. So wie ein Übermaß an Grün eine Rabatte langweilig macht, kann zu viel Silber ihre Harmonie zerstören. Behutsam eingesetzt wie die Spuren von Weiß, mit denen ein Maler sein Gemälde hell erleuchtet, ist Silber wunderschön. Großflächig verwendet verbessert es eine Rabatte aber ebensowenig wie ein Gemälde. Harte Kontraste können durch abgestufte Grautöne gemildert werden (mehr Blau als Silber). Einen Tuff *Artemisia* neben rosafarbenen alten Rosen sieht man zum Beispiel sehr häufig, dabei kann diese Kombination für die Stimmung einer Rabatte manchmal zu kräftig sein. Lavendel, Katzenminze und *Ruta* 'Jackman's Blue' schaffen oft weniger harte Kontraste als silberfarbene Pflanzen, wenn man eine Kombination in sanften Farbtönen wünscht.

Der Weiße Garten in Tintinhull verfügt über viel dunkelgrünen Hintorgrund, vor dom Iris und reinweiße Levkojen sich wie Silhouetten hervorheben. Diese mehrjährige Levkoje hat eine lange Blühzeit und schöne, feine graue Blätter.

Das tief stehende Sonnenlicht im herbstlichen Garten schmeichelt den warmen Farben. Sobald die Sonne ihren Zenith überschritten hat, kann Gelb nicht mehr ins Messingfarbene abgleiten. Ebenso können glühende Rot- und Orangetöne durch das verhaltene Licht kürzerer Tage gewinnen.

Der letzte Blütenflor vor Einsetzen des Winters soll uns mit verschwenderischer Farbenfülle verwöhnen. Hellblaue *Ceratostigma*, pinkfarbene *Nerine* und die kirschrote *Salvia* 'Bethellii' können miteinander kombiniert werden, ohne aufdringlich zu wirken. Sie passen zu Altweibersommern, die fast übergangslos in den Winter hinübergleiten. Aber erst wenn die Natur sich in spätherbstliche Brauntöne kleidet, die das Ende des Jahres anzeigen, kommen die rostbraunen Töne der späten *Rudbeckia hirta* und der Chrysanthemen zur Geltung.

Die jahreszeitlichen Veränderungen des Lichts, die die vorherrschende Farbstimmung erzeugen, sind das ganze Jahr hindurch leicht wahrzunehmen: hart im Winter, rein im Frühling, satt im Sommer und raffiniert im Herbst. Wenn Sie die Qualität des Lichtes berücksichtigen, können Sie für jeden Platz in Ihrem Garten und für jede Jahreszeit die schönsten und besten Pflanzen auswählen. So werden Sie einen wunderbar harmonischen Garten bekommen.

Der Herbst kann wunderschöne Kompositionen schaffen, wie diese Gruppierung in grau angehauchten Braun- und Rostbrauntönen zeigt. Es ist eine traurige Zeit des Jahres, und dieses Bild spricht für sich.

Rechts:
Auch Blumenrabatten können Herbststimmung vermitteln. Bronzefarbene und gelbe *Rudbeckia* gehören genauso zum scheidenden Jahr wie die sich lebhaft färbenden Bäume.

Dieses fröhliche Herbstbild läßt an Feuerwerke, Äpfel und Lagerfeuer denken. Die beiden Bilder zeigen, wie stark Farbe unterschiedliche Stimmungen erzeugen kann.

# Blau und Gelb, Frühling und Sommer

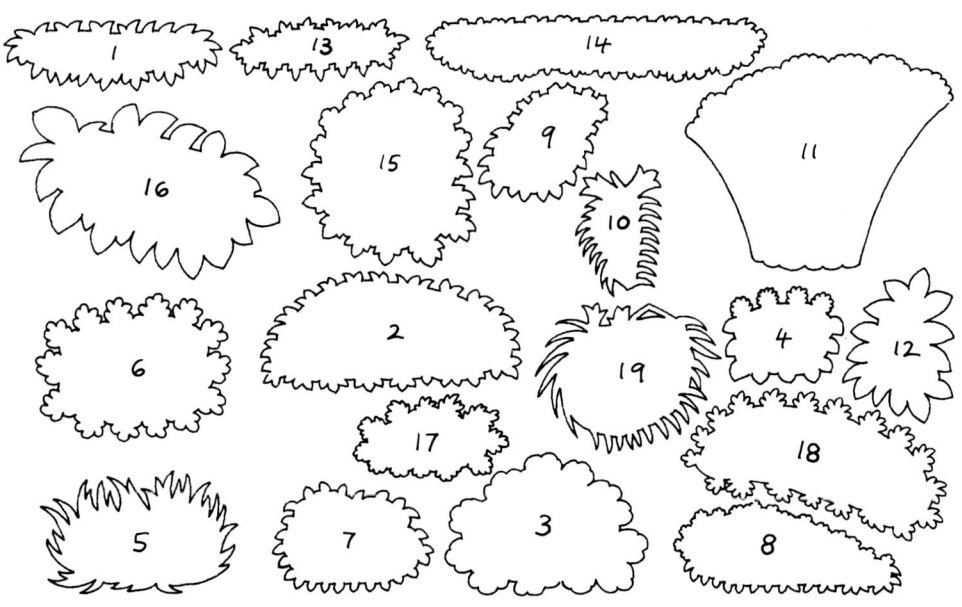

Als allgemeine Unterpflanzung empfohlen: *Crocus etruscus* 'Zwanenburg' (Wildkrokus), *Anemone blanda* 'Atrocaerulea', *Narcissus* 'February Gold' und *N.* 'Silver Chimes'

### Früher Blühbeginn

1 *Prunus mume* 'Omoi-no-mama' (Japanische Aprikose)
2 *Ribes laurifolium* (winterblühende Johannisbeere)*
3 *Bergenia purpurascens* 'Silberlicht'
4 *Doronicum plantagineum* 'Excelsum' (Gemswurz)

### Früher-mittlerer Blühbeginn

5 *Iris* 'Jane Phillips' (Schwertlilie)
6 *Aquilegia vulgaris alba* (Akelei)
7 *Valeriana phu* 'Aurea' (Baldrian) oder *Chrysanthemum parthenium* (Wucherblume)
8 *Omphalodes cappadocica* (Kaukasus-Gedenkemein)

### Mittlerer Blühbeginn

9 *Capanula lactiflora alba* (Riesen-Doldenglockenblume)
10 *Lilium regale* (Königslilie)
11 *Spartium junceum* (Binsenginster)
12 *Digitalis purpurea alba* (weißer Fingerhut) oder *Lysimachia ephemerum* (Felbrich)

### Mittlerer-später Blühbeginn

13 *Clematis orientalis* 'Bill Mackenzie' (Waldrebe)
14 *Ceanothus* 'Burkwoodii' oder *C.* 'Autumnal Blue' (Säckelblume)
15 *Anemone x hybrida* 'Honorine Jobert'
16 *Nicotiana sylvestris* (Tabak)
17 *Malva* 'Primley Blue' (Malve) oder *Geranium* 'Buxton's Blue' (Storchschnabel)
18 *Ruta graveolens* 'Jackman's Blue' (Weinraute)
19 *Hemerocallis flava* 'Marion Vaughn'

Im Frühjahr beherrscht Gelb mit Blau als Nebenfarbe dieses Gartenstück. Im Sommer sind die Rollen vertauscht, indem das Gelb auf einen Bereich beschränkt und von dem beruhigenden Einfluß verschwommener Blau- und Weißtöne umgeben ist.

Der Jahresbeginn wird begrüßt von 'Zwanenburg'-Krokussen und blauen Anemonen, gefolgt von Narzissen und den hellgelben Korbblüten des *Doronicum*. Weniger häufig sieht man die im Winter blühende Johannisbeere, die grünlichcremefarbene Blüten trägt. Sie ist ein pflegeleichter Strauch, der aber aber Winterschutz braucht und wenn er alt ist, »struppig« werden kann. Man muß ihn deshalb schneiden, damit er eine gefällige Form bekommt. Vorn in der Rabatte setzt eine weitere ungewöhnliche Pflanze einen Blickfang in Gelb: Der Clou dieses Baldrians sind seine leuchtend gelben Blätter im Frühjahr. Später im Jahr verblassen sie zu grün, bevor mattweiße Blüten erscheinen. Wenn Sie im Sommer mehr Farbe sehen wollen, dann wählen Sie *Chrysanthemum parthenium*. Mir gefällt aber der Baldrian besser, weil es dem Gelb guttut, etwas abgeschwächt zu werden.

Die leuchtendste Frühlingsblume ist die blaue *Omphalodes*, die Schatten und feuchten Boden bevorzugt. Sie wird fast unter die Raute gepflanzt und blüht gerade dann, wenn die Raute zurückgeschnitten wird. Wenn die *Omphalodes* ihre beste Zeit hinter sich hat und sich nach Schatten sehnt, sind die Blätter der Raute weit genug entwickelt, um ihr diesen Schutz zu gewähren. »Zweischichtiges« Pflanzen wie dieses ist bei beschränktem Platzangebot eine wichtige Technik und bedeutet darüber hinaus, daß Pflanzen, die normalerweise nicht dieselben Bedingungen bevorzugen, wie hier einen Standort miteinander teilen können.

Die Blüten der Japanischen Aprikose und die *Bergenia*-Blüten haben denselben

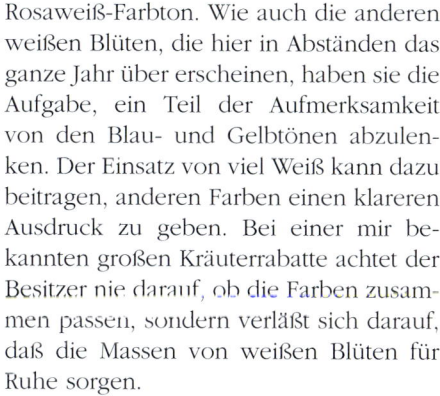

Eine Kombination von Blau- und Gelbtönen mit Blaßrosa sieht im klaren Licht des Frühlings frisch und sanft aus. (Früh)

Rosaweiß-Farbton. Wie auch die anderen weißen Blüten, die hier in Abständen das ganze Jahr über erscheinen, haben sie die Aufgabe, ein Teil der Aufmerksamkeit von den Blau- und Gelbtönen abzulenken. Der Einsatz von viel Weiß kann dazu beitragen, anderen Farben einen klareren Ausdruck zu geben. Bei einer mir bekannten großen Kräuterrabatte achtet der Besitzer nie darauf, ob die Farben zusammen passen, sondern verläßt sich darauf, daß die Massen von weißen Blüten für Ruhe sorgen.

Der Sommer wird vom anhaltend blühenden Besenginster beherrscht, der an grünen Stielen gelbe duftende Schmetterlingsblüten trägt. Ihn neben den hellblauen *Ceanothus* 'Burkwoodii' zu setzen ist gewagt, und die Kombination könnte langweilig wirken. Die Blüten des *C.* 'Autumnal Blue' haben einen sanfteren Farbton, der sehr viel besser passen würde, doch wenn stets ein Vorrat an Glockenblumen, Lilien und Fingerhut (oder *Lysimachia*) bereit steht, wirkt der Kontrast weniger hart. Im allgemeinen ist eine kräftigere Primarfarbe genug, und es ist sicherer, Blaßgelb mit kräftigem Blau

Im Sommer erscheinen dieselben Farben kräftiger, und eine goldene Fontäne aus *Spartium junceum* blüht gut drei Monate lang.

Blau und Gelb, Frühling und Sommer    131

*Prunus mume*

'Omoi-no-mama'

*Spartium junceum*

oder kräftiges Gelb mit Blaßblau zu kombinieren, als eine kräftige Farbe neben eine andere zu setzen. Viel hängt auch davon ab, wohin die Pflanzen gesetzt werden. Vor einer geweißten Mauer oder zusammen mit dauerhaft blühenden weißen Pflanzen, bilden die beiden Primärfarben oft das Rückgrat einer attraktiven Gruppe. Eine grüne Hecke oder eine rote Backsteinmauer könnte das Farbspiel zu bunt werden lassen, ein silbriggrauer Holzzaun könnte dagegen das Gleichgewicht wieder herstellen.

Später im Sommer gibt es andere Gelegenheiten für »zweischichtiges« Pflanzen. Die erste bietet sich durch die kletternde *Malva* 'Primley Blue', die sich einen Platz mit der im Winter blühenden Johannisbeere teilt. Wie viele schöne Pflanzen ist sie nicht winterhart, aber wegen ihrer sommerlangen Blüte lohnt es sich, sie ausfindig zu machen und zu überwintern. Man kann Stecklinge schneiden, die, wenn kein Gewächshaus vorhanden ist, auf einer Fensterbank überwintern, oder Sie kaufen jedes Jahr eine (nur eine) neue Pflanze. Verglichen mit dem Geld, das einige Leute zweimal im Jahr für Beetpflanzen ausgeben, wäre dies nicht übertrieben. Eine zweite Möglichkeit, einfallsreich in zwei Schichten zu pflanzen, bietet die Iris 'Jane Phillips'. Sie blüht in wunderschönem Blau, aber anders als *I. pallida pallida* läßt sich von ihren Blättern nicht behaupten, sie seien ein Schmuck für den Sommergarten. Wenn die Fächer der Iris zurückgeschnitten werden, ist genügend Platz, einen der »luftigen« Flachse zwischen ihre Rhizome zu pflanzen. *Linum narbonense* hat ein attraktives Blaßblau, aber *L. perenne* ist hübscher und leuchtender. Die Wahl hängt hier davon ab, wie sich das Verhältnis zwischen dem *Ceanothus* und dem *Spartium junceum* gestaltet. Wenn die Farben eher einen zu harten Kontrast bilden, ist der blassere *L. narbonense* die bessere Lösung. Keiner von beiden Flachsarten ist allerdings langlebig.

*Omphalodes cappadocica*

(Kaukasus-Gedenkemein)

*Clematis orientalis*

'Bill Mackenzie'

*Malva*

'Primley Blue''

# Gelb und Orange, Frühling und Herbst

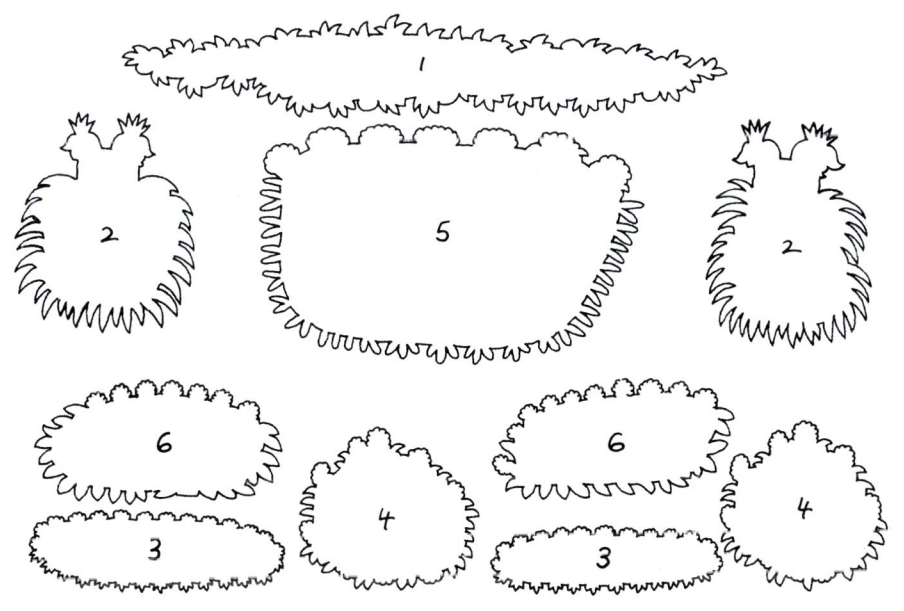

Als allgemeine Unterpflanzung empfohlen: *Tulipa acuminata* (Wildtulpe), *Narcissus* 'Tête à Tête' und *Chrysanthemum carinatum* 'Monarch Court Jesters' (syn. *C. tricolor*) (Sommermargerite), *Salpiglossis sinuata* 'Splash' (Trompetenzunge) oder *Dahlia* 'Coltness Hybrids'

### Früher Blühbeginn

1 *Malus domestica* 'Discovery' (Apfelbaum)
2 *Fritillaria imperialis* 'Lutea Maxima' (Kaiserkrone)
3 *Iberis sempervirens* (Schneekissen)
4 *Cheirantus cheiri* 'Wenlock Beauty' (Goldlack)

### Früher-mittlerer Blühbeginn

5 *Euphorbia griffithii* 'Fireglow' (Himalaja-Wolfsmilch)
6 *Calendula officinalis* (Gartenringelblume)

Spätsommer und Herbst sind die Zeiten für gelbbraune Töne und Farben des Sonnenuntergangs, aber kleine Gärten sind gewöhnlich nicht die idealen Orte, um Herbstfarben in Szene zu setzen. Eine Rabatte wie diese hier bietet für diejenigen, die keine Sträuchersammlung oder kein Arboretum besitzen, die Möglichkeit, einige der Färbungen des Herbstlaubes und reifender Beeren zu genießen.

Dieses schmale Arrangement könnte als Trennungslinie in einem langen, schmalen Stadtgarten dienen. Spalierbäume sind ein guter Ersatz für Hecken: Sie nehmen weniger Platz ein als konventionelle Hecken, sind gleichzeitig dekorativ und tragen eßbare Früchte. Die Apfelsorte 'Discovery' hat köstliche frühe Äpfel, aber es gibt noch andere gute Gründe, sie zu wählen, denn sie »verdient sich ihren Unterhalt« drei Mal im Jahr.

Im Frühling lassen Blumen in den Farben des Sonnenaufgangs und ein am Spalier gezogener Apfelbaum das Jahr fröhlich beginnen.

Die Apfelblüte im Frühjahr ist in einem kleinen Garten, der unvermeidbar nur beschränkte Möglichkeiten zum Pflanzen von Bäumen bietet, besonders willkommen. Im Sommer sehen die Früchte schon bevor sie reifen hübsch aus, und wenn die Äpfel gegessen sind, verändert 'Discovery' ihr Aussehen ein drittes Mal: Ihre Blätter färben sich einheitlich sattgelb. Einen Apfelbaum zu pflanzen, hat jedoch einen Haken: Er braucht zu seiner Bestäubung die Nähe einer anderen Sorte, die zur gleichen Zeit blüht, sonst trägt er keine Früchte. Wenn es benachbarten Gärten an Obstbäumen mangelt, wäre das Pflanzen des kleinen goldenen Holzapfels *Malus* 'Golden Hornet' eine mögliche Lösung. Eine weitere besteht darin, einen anderen Spalierapfel mit mittlerem Blühbeginn zu pflanzen.

Im Frühjahr ergeben gelbe Kaiserkronen zusammen mit den merkwürdig spitzen Blütenblätter der *Tulipa acuminata* eine Mischung aus Gelb, Orange und Grün. Andere Blumen, die hier zur selben Zeit blühen, sind der mehrjährige *Cheiranthus cheiri* 'Wenlock Beauty', einer Kombination von Orange und Braun, und die *Euphorbia*, die überwiegend grün ist mit terracottafarbenen Blüten. Die Apfelblüte

und die Flecken weißer *Iberis* verbinden sich mit dem klaren Licht des Frühlings, das alle diese Orange- und Gelbtöne frisch aussehen läßt.

Tatkräftige Gärtner werden Islandmohn als Nachfolger der Kaiserkronen pflanzen. Seine orangen, gelben und weißen Blüten zu beiden Seiten der *Euphorbia* geben ein langes Schauspiel ab, bis andere einjährige Sommerblumen soweit sind, die Stellung zu übernehmen. Diese Pflanzung sollte man das ganze Jahr über mit einigen Farbspritzen beleben, sonst enthält sie zu viel Grün.

Die besten Kandidatinnen für diese Nonstop-Leistung sind natürlich die einjährigen Pflanzen, die so viele versnobte Gärtner verachten. Sie lassen sich aus Samen ziehen und blühen vom Hochsommer bis zum Frost. In kleinen Gärten ist es, um ein Maximum an Wirkung zu erzielen, besser, sich auf eine Sorte zu beschränken: Zwei Gruppen der von Ihnen gewählten einjährigen Pflanzen sollte je etwa einen Quadratmeter einnehmen.

Die Gartenringelblume wird leicht zugunsten auffälliger Formen übergangen, aber sie ist die pflegeleichteste und zuverlässigste der Sommerbeetpflanzen, wenn ihre verwelkten Blüten regelmäßig ent

fernt werden. Die Blütenblätter können auch in Salaten verwendet werden.

Dahlien sind traditionelle Stützen der Spätsommerfarben, und die 'Coltness Hybrids' werden nicht zu lang. Rosatöne sollten hier aber um der Harmonie willen vermieden werden. Die einjährige *Chrysanthemum* 'Monarch Court Jesters' hat Braun in den Herbstfarben ihrer Blüten, und ich würde mich wahrscheinlich zuerst dafür entscheiden, aber das Schöne an einjährigen Pflanzen ist ja, daß man jedes Jahr mit anderen Sorten experimentieren kann.

*Nasturtium* (vor allem die Sorte 'Empress India'), verschiedene *Rudbeckia* (trotz ihres Namens lohnt sich das Ziehen von 'Rustic Dwarfs') und *Nemesia* spiegeln alle die Bronze-, Gelb- und Orangetöne der Herbstblätter wider.

*Calendula officinalis*

(Gartenringelblume)

*Fritillaria imperialis*

'Lutea Maxima' (Kaiserkrone)

*Euphorbia griffithii*

'Fireglow' (Himalaja-Wolfsmilch)

Im Herbst lassen die Farben des Sonnenuntergangs unter reifenden Äpfeln das Jahr mit einem warmen Leuchten ausklingen. Dies ist die Zeit für feurige Braun- und Orangetöne, da das schräg einfallende Licht des zu Ende gehenden Jahres allem schmeichelt, was es berührt.

*Papaver nudicaule*

(Islandmohn)

*Iberis sempervirens*

*Malus domestica* 'Discovery'

(Apfelbaum)

*Narcissus*

'Tête à Tête'

# Alphabetisches Pflanzenverzeichnis mit Kulturhinweisen

Dieses Verzeichnis enthält Angaben zu Blühzeit, Höhe sowie Boden-, Klima- und Pflegeansprüchen der Pflanzen, die in den Plänen berücksichtigt wurden.

❀ – Blühzeit,  Ⓚ – Kulturhinweise,  Ⓗ – Höhe
gerade Ziffern:   Stichwort im Text
kursive Ziffern:   Abbildung auf Planskizze
halbfette Ziffern: Abbildung auf Foto

**Abelia** x *grandiflora 112*
Strauch, halbimmergrün
❀ Hochsommer-Mitte Herbst
Ⓚ in warmen Lagen völlig winterhart; geschützte Lage und gut durchlüfteter Boden
Ⓗ bis 2 m
**Abutilon** x *suntense 34, 57*
Strauch, sommergrün
❀ Spätes Frühjahr-Frühsommer
Ⓚ frostfrei überwintern; Sonne oder Halbschatten
Ⓗ 5 m
**Abutilon vitifolium** 'Veronica Tennant' *60*
Strauch, sommergrün
❀ Sommer
Ⓚ frostfrei überwintern; geschützte Lage
Ⓗ 4 m
**Acacia dealbata** *94, 96,* **96**
Baum
Ⓚ selten winterhart; sonnige Lage; frostfrei überwintern
Ⓗ 12 m
**Acanthus balcanicus**, syn. **A. longifolius** *35*
mehrjährig
❀ Sommer
Ⓚ anspruchslos
Ⓗ 60 cm-1 m
**Acanthus spinosus** *73, 118*
mehrjährig
❀ Sommer
Ⓚ wächst auf allen Böden
Ⓗ 50 cm
**Achillea filipendula** 'Moonshine' *92,* **104**
mehrjährig, aufrecht
❀ Sommer
Ⓚ im Frühjahr teilen
Ⓗ 60 cm
**Aconitum vulparia**, syn. **A. lycotonum** *92*
mehrjährig
❀ Sommer
Ⓚ im Herbst teilen; feuchter Boden
Ⓗ 1-1,20 m
**Actinidia kolomikta** *60*
Kletterpflanze, sommergrün
❀ Sommer
Ⓚ geschützte Lage; im Winter zurückschneiden
Ⓗ 4 m
**Agapanthus**-Headbourne-Hybridsen *118,* **119**
mehrjährig
❀ Spätsommer
Ⓚ Sonne und feuchter Boden, Winterschutz
Ⓗ 65 cm-1 m

**Alcea rosea**, syn. **Althaea rosea** *77*
zweijährig
❀ Sommer-Frühherbst
Ⓚ volle Sonne; gut durchlüfteter Boden
Ⓗ 1,50-2 m
**Alcea rosea** 'Nigra' *54*
mehrjährig, wenn nach der Blüte Blütenstand entfernt wird
❀ Sommer
Ⓚ volle Sonne
Ⓗ 1,50-2 m
**Alcea rugosa**, syn. **Althaea rugosa** *115*
meist nur zweijährig
❀ Sommer
Ⓚ nährstoffarmer Boden
Ⓗ 1,50 m
**Alchemilla mollis** *74, 92*
Bodendecker, mehrjährig
❀ Hochsommer
Ⓚ Sonne-Halbschatten; nach der Blüte zurückschneiden
Ⓗ 50 cm
**Anaphalis triplinervis** *77,* **78**
Staude, niedrig
❀ Sommer
Ⓚ Sonne, trocken
Ⓗ 20-30 cm
**Anchusa capensis** 'Blue Angel' *38,* **42**
Staude, buschig
❀ Sommer
Ⓚ frostempfindlich
Ⓗ 20 cm
**Anemone blanda** *32*
Rhizom
❀ zeitiges Frühjahr
Ⓚ Halbschatten; gut durchlüfteter Boden
Ⓗ 5-10 cm
**Anemone blanda** 'Atrocaerulea' *130*
Rhizom
❀ Frühjahr
Ⓚ Halbschatten
Ⓗ 5-10 cm
**Anemone blanda** 'White Splendour' *112,* **114**
Rhizom
❀ zeitiges Frühjahr
Ⓚ Halbschatten; gut durchlüfteter Boden
Ⓗ 5-10 cm
**Anemone hupehensis japonica** 'Prinz Heinrich' *60*
mehrjährig
❀ Spätsommer-Frühherbst
Ⓚ nach Etablierung verwildernd
Ⓗ 80 cm

**Anemone** x *hybrida* 'Honorine Jobert' *32, 130*
mehrjährig
❀ Spätsommer-Frühherbst
Ⓚ Halbschatten; nach Etablierung anspruchslos
Ⓗ 1,20 m
**Angelica archangelica** *72*
zweijährig, aufrecht
❀ Sommer
Ⓚ Sonne oder Schatten
Ⓗ 2 m
**Antirrhinum majus** 'Crimson Monarch' *54*
einjährig
❀ Sommer
Ⓚ frostresistent
Ⓗ 4-10 cm
**Aquilegia alpina** *30, 32*
mehrjährig
❀ Frühsommer
Ⓚ Halbschatten
Ⓗ 30-80 cm
**Aquilegia vulgaris** *32*
mehrjährig
❀ Frühsommer
Ⓚ vermehrt sich durch Selbstaussaat
Ⓗ 60 cm - 1 m
**Aquilegia vulgaris alba** *136*
mehrjährig
❀ Frühsommer
Ⓚ samt sich aus
Ⓗ 60 cm - 1 m
**Argyranthemum maderense** *94*
mehrjährig
❀ Sommer
Ⓚ gut durchlüfteter Boden; frostfrei überwintern
Ⓗ 23 cm
**Artemisia arborescens** *35*
Strauch
❀ Sommer-Frühherbst
Ⓚ frostfrei überwintern; gut durchlüfteter Boden; im Frühjahr zurückschneiden
Ⓗ 1 m
**Artemisia pdemontana** 'Powis Castle' *68, 77, 118, 127*
Zwergstrauch, immergrün
❀ Sommer
Ⓚ im Frühjahr leicht zurückschneiden
Ⓗ 70 cm
**Aster lateriflorus** 'Horizontalis' *52*
mehrjährig
❀ Herbst-Spätherbst
Ⓚ häufig teilen
Ⓗ 60 cm - 1,20 m
**Aster** x *thompsonii* 'Nanus' *32, 38, 118*
mehrjährig
❀ Sommer-Herbst
Ⓚ Sonne oder Schatten; verwelkte Blüten entfernen
Ⓗ 45 cm
**Astrantia major** *72*
mehrjährig
❀ Sommer-Herbst
Ⓚ Halbschatten-Schatten
Ⓗ 60-80 cm
**Azara microphylla** *94*
Strauch, immergrün
❀ Winter-Frühjahr
Ⓚ frostfrei überwintern; Sonne oder Schatten
Ⓗ bis 5 m

**Bergenia crassifolia** *60*
mehrjährig, immergrün
❀ Frühjahr
Ⓚ Sonne oder Schatten; im Frühjahr teilen
Ⓗ 30-40 cm
**Bergenia purpurascens** 'Silberlicht' *130*
mehrjährig
❀ Frühjahr
Ⓚ Sonne-Halbschatten
Ⓗ 30-40 cm
**Buddleja davidii** 'Black Knight' *118*
Strauch, sommergrün
❀ Hochsommer-Herbst
Ⓚ stutzen
Ⓗ 5 m
**Buddleja fallowiana** 'Lochinch' *35,* **119**
mehrjährig, sommergrün
❀ Spätsommer-Herbst
Ⓚ volle Sonne; leicht frostempfindlich; im Frühjahr stark zurückschneiden
Ⓗ 3 m
**Bupleurum fruticosum** *72*
Strauch, buschig, immergrün
❀ Hochsommer-Frühherbst
Ⓚ frostempfindlich, Winterschutz; Sonne oder Schatten
Ⓗ 2 m
**Buxus suffruticosa** *57*
Zwergstrauch, immergrün
❀ ganzjährig
Ⓚ im Frühherbst stutzen
Ⓗ 75 cm

**Calendula officinalis** *133,* **134**
einjährig
❀ Frühjahr-Herbst
Ⓚ abgeblühte Blüten entfernen, um Blühzeit zu verlängern
Ⓗ 60 cm
**Camassia cusickii** *94,* **96**
Zwiebel
❀ Frühjahr
Ⓚ verwildert
Ⓗ 75 cm - 1 m
**Campanula lactiflora alba** *77, 78, 130*
mehrjährig
❀ Sommer
Ⓚ Sonne oder Schatten
Ⓗ 90 cm - 1,20 m
**Campanula persicifolia** *94,* **95**
mehrjährig
❀ Sommer
Ⓚ Sonne oder Schatten; regelmäßig teilen
Ⓗ 1 m
**Ceanothus arboreus** 'Autumnal Blue' *130*
Strauch
❀ spätes Frühjahr-Herbst
Ⓚ winterhart, geschützte Lage; volle Sonne; gut durchlüfteter Boden; abgestorbene Triebe im Frühjahr ausschneiden, Seitentriebe nach Blüte zurückschneiden
Ⓗ 3 m
**Ceanothus** 'Burkwoodii' *130*
Strauch, immergrün
❀ Hochsommer-Mitte Herbst
Ⓚ geschützte Lage, volle Sonne; nach Blüte zurückschneiden
Ⓗ 1,50 m

**Ceanothus** 'Cascade' *94*
Strauch, immergrün
❀ spätes Frühjahr-Frühsommer
Ⓚ geschützte Lage; nach Blüte zurückschneiden
Ⓗ 4 m
**Ceanothus impressus** *32,* **88**
Strauch, immergrün
❀ Mitte Frühjahr-Frühsommer
Ⓚ frostfrei überwintern; geschützte Lage; Seitentriebe nach Blüte zurückschneiden
Ⓗ bis 2 m
**Centranthus ruber** *52,* **71**
mehrjährig
❀ spätes Frühjahr-Herbst
Ⓚ anspruchslos
Ⓗ 60 cm - 1 m
**Centranthus ruber albus** *77, 79*
mehrjährig
❀ remontierend
Ⓚ ungünstige Bedingungen; samt aus
Ⓗ 60 cm - 1 m
**Cephalaria gigantea** *94,* **95**
mehrjährig
❀ Sommer
Ⓚ Sonne und gut durchlüfteter Boden
Ⓗ 2 m
**Cerastostigma plumbaginoides** *38*
mehrjährig, buschig
❀ Spätsommer-Herbst
Ⓚ Sonne und gut durchlüfteter Boden; abgestorbene Triebe im Frühjahr abschneiden; Winterschutz
Ⓗ 20-40 cm
**Ceratostigma willmottianum** *32*
Strauch, sommergrün
❀ Spätherbst
Ⓚ frostempfindlich, Winterschutz; im Frühjahr zurückschneiden
Ⓗ 1 m
**Cheirantus cheiri** 'Moonlight' *92*
zweijährig bis mehrjährig, teppichbildend, immergrün
❀ remontierend
Ⓚ sonnige Lage; nährstoffarmer Boden
Ⓗ 5 cm
**Cheirantus cheiri** 'Vulcan' *52*
zweijährig bis mehrjährig
❀ Frühjahr
Ⓚ häufig neu pflanzen
Ⓗ bis 60 cm
**Cheirantus cheiri** 'Wenlock Beauty' *133*
mehrjährig
❀ Frühjahr
Ⓚ durch Stecklinge erneuern
Ⓗ bis 60 cm
**Chinodoxa luciliae** *35, 37*
Zwiebel
❀ zeitiges Frühjahr
Ⓚ gedeiht am besten in voller Sonne
Ⓗ 10-25 cm
**Choisya ternata** *72*
Strauch, immergrün
❀ spätes Frühjahr
Ⓚ frostfrei überwintern
Ⓗ 2,5 0 m
**Chrysanthemum carinatum** 'Monarch Court Jesters' (syn. **C. tricolor**) *133*

einjährig, verzweigend
❀ Sommer
Ⓚ Sonne; guter Boden
Ⓗ 30-60 cm
**Chrysanthemum parthenium**
*130*, **130**
einjährig
❀ Sommer
Ⓚ sonnige Lage; eventuell im
Haus vorziehen; gut durchlüfteter Boden
Ⓗ 30-60 cm
**Clematis alpina** 'Frances Rivis'
*32*
Kletterpflanze
❀ Frühjahr-Frühsommer
Ⓚ nach Blüte zurückschneiden;
schattige Lage
Ⓗ 2-3 m
**Clematis cirrhosa balearica** *72*
Kletterpflanze, immergrün
❀ Winter-Frühjahr
Ⓚ frostfrei überwintern; Wurzeln
beschatten
Ⓗ 2-3 m
**Clematis heracleifolia**
'Huldine' *118*
Kletterpflanze
❀ Sommer
Ⓚ im zeitigen Frühjahr zurückschneiden
Ⓗ 3-4 m
**Clematis** x *jackmanii* **12**, *32*,
*57*
Kletterpflanze
❀ Hochsommer
Ⓚ im zeitigen Frühjahr zurückschneiden
Ⓗ 3 m
**Clematis** 'Jackmanii Superba'
**22, 36**
Kletterpflanze
❀ Hochsommer
Ⓚ im zeitigen Frühjahr zurückschneiden
Ⓗ 3 m
**Clematis** x *jouiniana* 'Praecox'
*72*
Kletterpflanze, halbstrauchig,
starkwachsend
❀ Spätsommer
Ⓚ im zeitigen Frühjahr zurückschneiden
Ⓗ 3-5 m
**Clematis viticella** 'Kermesina',
syn. **C.** viticella Rubra *60*, **61**
Kletterpflanze
❀ Spätsommer
Ⓚ im zeitigen Frühjahr zurückschneiden
Ⓗ 2-3 m
**Clematis montana** 'Elisabeth'
*60*
Kletterpflanze, starkwachsend
❀ spätes Frühjahr
Ⓚ kühle Mauer; nach Blüte
zurückschneiden
Ⓗ 10-12 m
**Clematis** 'Mrs Cholmondeley'
*94*
Kletterpflanze
❀ Sommer
Ⓚ im zeitigen Frühjahr zurückschneiden
Ⓗ 2-3 m
**Clematis orientalis** 'Bill
Mackenzie' *130*, **132**
Kletterpflanze

❀ Sommer
Ⓚ im zeitigen Frühjahr stark
zurückschneiden
Ⓗ 3-5 m
**Clematis orientalis** 'Sherriffii'
*94*
Kletterpflanze
❀ Sommer
Ⓚ im zeitigen Frühjahr stark
zurückschneiden
Ⓗ 3-5 m
**Clematis orientalis** 'Perle
d'Azur' *32*, *94*, *115*
Klotterpflanze
❀ Sommer
Ⓚ im zeitigen Frühjahr zurückschneiden
Ⓗ 3 m
**Clematis rehderiana** *92*, **93**
Kletterpflanze, starkwachsend
❀ Spätsommer-Frühherbst
Ⓚ im zeitigen Frühjahr zurückschneiden
Ⓗ bis 7 m
**Clematis viticella** 'Etoile
Violette' *57*
Kletterpflanze
❀ Sommer
Ⓚ Sonne oder Halbschatten,
aber Wurzeln im Schatten;
nährstoffreicher, gut durchlüfteter Boden; im zeitigen Frühjahr
zurückschneiden
Ⓗ 2-3 m
**Convallaria majalis** *74*, **76**
mehrjährig, knollenwurzelig
❀ Frühjahr
Ⓚ Halbschatten; viel Laubmulch
Ⓗ 15 cm
**Convolvulus sabatius**, syn.
**C.** *mauritanicus* *35*, **36**
Staude-Halbstrauch, kriechend
❀ Sommer-Frühherbst
Ⓚ frostempfindlich
Ⓗ 15-20 cm
**Cornus alba** 'Elegantissima'
*97*, **98**, *110*
Strauch, sommergrün
❀ Frühjahr-Frühsommer
Ⓚ Sonne oder Halbschatten;
gut durchlüfteter Boden; alte
Stiele zurückschneiden
Ⓗ 1,50 m
**Cosmos atrosanguineus** *45*,
*52*, *60*
mehrjährig, Knolle
❀ Spätsommer
Ⓚ frostfrei überwintern
Ⓗ 60 cm
**Crambe maritima** *77*, **78**
mehrjährig
❀ Sommer
Ⓚ Sonne oder Schatten; nährstoffreicher Boden
Ⓗ 60 cm - 1 m
**Crepis incana** *54*
mehrjährig
❀ Sommer
Ⓚ Sonne oder Schatten
Ⓗ 20 cm
**Crocosmia** 'Citronella' *35*
Knolle
❀ Spätsommer
Ⓚ Sonne und gut durchlüfteter
Boden; im Frühjahr teilen
Ⓗ 60-75 cm
**Crocosmia** 'Lucifer' *52*, **53**
Knolle

❀ Hochsommer
Ⓚ Sonne, aber nicht zu trocken;
im Frühjahr teilen
Ⓗ bis 1 m
**Crocus etruscus** 'Zwanenburg'
*130*
Knolle
❀ Frühjahr
Ⓚ 5 cm tief pflanzen
Ⓗ 5-10 cm
**Crocus sieberi** 'Bowles' White'
*57*
Knolle
❀ frühblühend
Ⓗ 7,5 cm
**C. sieberi** 'Violet Queen'
Knolle
❀ Frühjahr
Ⓚ frühblühend
Ⓗ 7,5 cm
**Crocus tommasinianus** *38*
Knolle
❀ Frühjahr
Ⓚ Knospen im Spätwinter
Ⓗ bis 10 cm
**Cyclamen coum** *57*, *112*, **114**
Knolle
❀ Spätwinter
Ⓚ Halbschatten; gut durchlüfteter Boden
Ⓗ bis 10 cm
**Cyclamen coum album** *97*
Knolle
❀ Spätwinter-zeitiges Frühjahr
Ⓚ Halbschatten
Ⓗ bis 10 cm

**Dahlia** 'Bishop of Llandaff' **44**,
*52*, *104*
mehrjährig, Knollenwurzel
❀ Sommer-Herbst
Ⓚ sonnige Lage, trocken; reichlich Dünger; Knolle frostfrei
überwintern
Ⓗ 1 m
**Dahlia** 'Coltness Hybrids' *133*
mehrjährig, Knollenwurzel
❀ Sommer-Herbst
Ⓚ sonnige Lage; Knolle frostfrei
überwintern oder jährlich neu
pflanzen
Ⓗ 45 cm
**Daphne retusa** *60*
Strauch, immergrün
❀ spätes Frühjahr-Frühsommer
Ⓚ volle Sonne
Ⓗ 1,50 m
**Delphinium** Belladonna
'Wendy' *94*, *115*
mehrjährig
❀ Sommer
Ⓚ Sonne und nährstoffreicher
Boden; Blütenstände nach
Blüte für zweiten Flor entfernen
Ⓗ 1,10-1,50 m
**Dianthus barbatus** mit weißem
Rand *49*, *54*, **56**
zweijährig
❀ Frühsommer
Ⓚ Sonne und nährstoffreicher
Boden
Ⓗ 45 cm
**Dianthus** 'Brympton Red' *54*, **56**
mehrjährig
❀ Sommer
Ⓚ Sonne und gut durchlüfteter
Boden; häufig durch Stecklinge
erneuern

Ⓗ 30-45 cm
**Dianthus** 'Dad's Favourite' *54*
mehrjährig
❀ Sommer
Ⓚ Sonne und gut durchlüfteter
Boden; häufig neu pflanzen
Ⓗ 30-45 cm
**Dianthus** 'Haytor White' *38*,
*54*
mehrjährig
❀ Sommer, remontierend
Ⓚ häufig durch Stecklinge
erneuern
Ⓗ 30-45 cm
**Dianthus** 'Musgrave's Pink' *38*
mehrjährig
❀ Sommer
Ⓚ häufig von Stecklingen
erneuern
Ⓗ 30-45 cm
**Dianthus** 'Prudence' *118*
mehrjährig
❀ Sommer
Ⓚ Sonne; kalkhaltiger Boden
Ⓗ 30-45 cm
**Diascia vigilis** *60*
mehrjährig
❀ Sommer
Ⓚ frostempfindlich; Sonne und
nährstoffreicher Boden
Ⓗ 30-40 cm
**Digitalis lutea** *93*, *115*, **117**
mehrjährig
❀ Sommer
Ⓚ Halbschatten; feuchter Boden
Ⓗ 75 cm
**Digitalis** x *mertonensis* *115*
mehrjährig
❀ Sommer
Ⓚ Halbschatten; feuchter
Boden; nach Blüte teilen
Ⓗ 75 cm
**Digitalis purpurea alba** *54*, *72*,
*77*, *130*
mehrjährig oder zweijährig
❀ Sommer
Ⓚ Halbschatten
Ⓗ 1-1,50 m
**Digitalis purpurea** 'Sutton's
Apricot' *35*
mehrjährig, kurzlebig
❀ Sommer
Ⓚ Schatten; samt sich aus
Ⓗ 1-1,50 m
**Doronicum plantagineum**
'Excelsum' *130*
mehrjährig
❀ Frühjahr
Ⓚ Schatten
Ⓗ 1 m
**Dryopteris filix-mas** *74*
Farn, sommergrün oder immergrün
Ⓚ voller Schatten; feuchter
Boden
Ⓗ 1,20 m

**Echium lycopsis** 'Blue Bedder', syn. **E.** *plantagineum*
*29*, *38*
einjährig
❀ Sommer
Ⓚ anspruchslos
Ⓗ 20 cm
**Elaeagnus** x *ebbingei*
'Limelight' *92*
Strauch, immergrün
❀ Herbst

Ⓚ Sonne oder Schatten; in
Form schneiden
Ⓗ bis 3 m
**Epilobium glabellum** *57*, **59**
mehrjährig, halbimmergrün
❀ den ganzen Sommer hindurch
Ⓚ Sonne oder Schatten
Ⓗ 20 cm
**Eremurus spectabilis** *35*
mehrjährig
❀ Frühsommer
Ⓚ frostempfindlich, Winterschutz; etabliert sich nur schwer
Ⓗ 1,20 m
**Eryngium** x *oliverianum* *35*
mehrjährig
❀ Spätsommer
Ⓚ Sonne und gut durchlüfteter
Boden
Ⓗ 60 cm - 1 m
**Erysimum** 'Bowles' Mauve'
*32*, **33**
mehrjährig, buschig
❀ Frühjahr-Sommer
Ⓚ frostfrei überwintern; häufig
durch Stecklinge erneuern
Ⓗ bis 75 cm
**Erythronium dens-canis** *57*
mehrjährig
❀ Frühjahr
Ⓚ Halbschatten; nährstoffreicher, gut durchlüfteter Boden;
Knollen vor Sommerhitze
schützen
Ⓗ 10-15 cm
**Escallonia** 'Iveyi' *118*
Strauch, immergrün, glänzend
❀ Hochsommer-Spätsommer
Ⓚ frostempfindlich; nach Blüte
zurückschneiden
Ⓗ 3 m
**Euphorbia amygdaloides**
**robbiae** *97*, **98**
mehrjährig, immergrün,
verwildernd
❀ Frühjahr
Ⓚ wächst auf allen Böden
Ⓗ 45-60 cm
**Euphorbia characias wulfenii**
*29*, **50**, **64**, *77*, *83*
Strauch, immergrün
❀ Frühjahr
Ⓚ Sonne oder Halbschatten
Ⓗ 80 cm - 1 m
**Euphorbia griffithii** 'Fireglow'
*133*, **134**
mehrjährig
❀ Frühsommer
Ⓚ Sonne oder Schatten;
feuchter Boden
Ⓗ bis 1 m

**Felicia amelloides** *34*, *38*, *115*
Strauch, immergrün
❀ Frühjahr-Herbst
Ⓚ frostfrei überwintern; jedes
Jahr neu aussäen
Ⓗ 30-50 cm
**Filipendula vulgaris** 'Plena',
syn. **F.** *hexapetala* 'Flore Pleno'
*77*
mehrjährig, aufrecht
❀ Sommer
Ⓚ Sonne oder Halbschatten
Ⓗ 30 cm - 1 m
**Foeniculum vulgare** *94*
zwei-mehrjährig, oft einjährig
gezogen

❀ Sommer-Herbst
K Sonne und gut durchlüfteter Boden; nicht aussamen lassen; sehr guter Winterschutz
H 1,50-2 m

**Foeniculum vulgare** 'Purpureum' 52
mehrjährig
❀ Sommer
K Sonne und gut durchlüfteter Boden; nicht aussamen lassen; sehr guter Winterschutz
H 1,50-2 m

**Fritillaria imperialis** 'Lutea Maxima' 133, **134**
Zwiebel
❀ Frühjahr
K Sonne oder Halbschatten; nährstoffreicher Boden
H bis 1,50

**Fuchsia-Hybride** 'Mme Cornelissen' 54
Strauch
❀ Sommer
K frostempfindlich
H bis 1,50 m

**Fuchsia magellanica** 'Riccartonii' 54
Strauch, sommergrün
❀ Sommer-Herbst
K frostempfindlich, geschützte Lage; Halbschatten
H 2 m

**Galanthus** 'Desdemona' 74
Zwiebel
❀ Winter-zeitiges Frühjahr
K kühler Boden; im Frühjahr teilen
H 10-15 cm

**Galanthus elwesii** 74
Zwiebel
❀ Winter-zeitiges Frühjahr
K kühler Boden; im Frühjahr teilen
H 15-25 cm

**Galanthus** 'Ophelia' 74
Zwiebel
❀ Winter-zeitiges Frühjahr
K kühler Boden; im Frühjahr teilen
H 10-15 cm

**Geranium** 'Ann Folkard' 115
mehrjährig
❀ Sommer-Herbst
K Sonne
H 50 cm

**Geranium wallichianum** 'Buxton's Blue' 130
mehrjährig
❀ Sommer-Herbst
K Sonne oder Halbschatten
H 30 cm

**Geranium endressii** 'Wargrave Pink' 54
mehrjährig
❀ den ganzen Sommer hindurch
K anspruchslos
H 45 cm

**Geranium pratense** 'Johnson's Blue' 32, **33**, 94
mehrjährig
❀ Frühsommer
K sonnige Lage; nach Blüte zurückschneiden
H 30 cm

**Geranium macrorrhizum** 'Ingwersen's Variety' 112, **114**
mehrjährig, verwildernd
❀ spätes Frühjahr-Frühsommer
K wächst auf allen Böden
H 50 cm

**Geranium psilostemum** 'Russell Prichard' 57, 58
mehrjährig, halbimmergrün
❀ Sommer
K anspruchslos
H 30 cm

**Geranium sanguineum** 'Glenluce' 115
mehrjährig
❀ remontierend
K anspruchslos
H 15-20 cm

**Geranium wallichianum** 'Buxton's Variety' 35
mehrjährig, kriechend
❀ Hochsommer-Herbst
K wächst auf allen Böden
H 30-45 cm

**Geum chiloense** 'Mrs Bradshaw' 52
mehrjährig
❀ Sommer
K anspruchslos
H 80 cm

**Hebe speciosa** 'La Séduisante' 57, 58
Strauch, immergrün
K frostfrei überwintern; im Frühjahr zurückschneiden; volle Sonne
H 1 m

**Helianthemum** 'Ben Hope' 52
immergrün
❀ Hochsommer
K nach Blüte zurückschneiden
H 23-30 cm

**Helichrysum** 'Sulphur Light' 115
mehrjährig
❀ Hochsommer-Spätsommer
K Sonne und gut durchlüfteter Boden
H 30-50 cm

**Helleborus foetidus** 'Wester Flisk' (oder Miss Jekylls duftende Form) 74, **76**
mehrjährig
❀ Frühjahr
K aussamen lassen; fleckige Blätter entfernen
H 60 cm

**Helleborus lividus corsicus** 72, **73**, 97
mehrjährig
❀ Winter-Frühjahr
K Halbschatten; mehltaubefallene Blätter vor der Blüte entfernen
H 60 cm

**Helleborus orientalis orientalis**, syn. H. o. olympicus 57, **59**
mehrjährig, immergrün
❀ Winter oder zeitiges Frühjahr
K Halbschatten; kranke Blätter entfernen
H 45 cm

**Hemerocallis flava**, syn. H. lilio-asphodelus 94
mehrjährig
❀ spätes Frühjahr-Frühsommer
K volle Sonne; feuchter Boden; jährlich teilen
H 60 cm

**Hemerocallis flava** 'Marion Vaughn' 89, *136*
mehrjährig
❀ Hochsommer
K Sonne oder Halbschatten
H 1 m

**Hemerocallis flava** 'Stafford' 52
mehrjährig
❀ Hochsommer-Spätsommer
K volle Sonne; feuchter Boden; im zeitigen Frühjahr vor Schnecken schützen
H 75 cm

**Hesperis matronalis** 60
mehrjährig
❀ Sommer
K Sonne; wächst auf allen Böden; kurzlebig, samt sich aber aus
H 75 cm

**Heuchera** x brizoides 'Apple Blossom' 60
mehrjährig
❀ Sommer
K anspruchslos
H 45-75 cm

**Heuchera micrantha** 'Palace Purple' **45**, *52*, **53**
mehrjährig
❀ Sommer
K Halbschatten; feuchter Boden
H 45 cm

**Hibiscus syriacus** 'Blue Bird' 35
Strauch, sommergrün
❀ Spätsommer-Mitte Herbst
K volle Sonne und gut durchlüfteter Boden
H 2 m

**Hosta fortunei albopicta** 97
mehrjährig
❀ Hochsommer
K Schatten; nährstoffreicher Boden; vor Schnecken schützen
H 75 cm - 1 m

**Hosta fortunei** 'Marginata Alba' 77
mehrjährig
❀ Hochsommer
K Schatten; feuchter Boden
H 75 cm - 1 m

**Hosta plantaginea** 35, 74
mehrjährig, horstbildend
❀ Sommer
K Sonne; vor Schnecken schützen
H 60-80 cm

**Hosta sieboldiana** 72
mehrjährig, horstbildend
❀ Frühsommer
K Schatten; vor Schnecken schützen
H 80-90 cm

**Humulus lupulus aureus** 115
Kletterpflanze, windend, krautig
❀ Sommer-Herbst
K Sonne oder Halbschatten
H bis 6 m

**Iberis sempervirens** 133, **135**
Zwergstrauch, immergrün
❀ spätes Frühjahr-Frühsommer
K nach Blüte zurückschneiden
H 15-30 cm

**Iris florentina** 97, *99*
mehrjährig
❀ Frühsommer
K alle zwei Jahre teilen

H 60 cm - 1 m

**Iris graminea** 57
mehrjährig, rhizombildend
❀ spätes Frühjahr-Frühsommer
K Sonne oder Halbschatten; verträgt Umpflanzen schlecht
H 20-40 cm

**Iris** 'Jane Phillips' 130
mehrjährig, rhizombildend
❀ Frühsommer
K alle zwei Jahre teilen
H 70 cm - 1 m

**Iris pallida pallida**, syn. I. p. dalmatica 32, **34**, *35*, *38*, 132
mehrjährig, rhizombildend
❀ Sommer
K Sonne
H 70 cm - 1 m

**Iris pallida** 'Variegata' 57, **59**
mehrjährig, rhizombildend
❀ Sommer
K Sonne
H 70 cm - 1 m

**Iris sibirica** 'Splash Down' 19, *94*
mehrjährig, rhizombildend
❀ spätes Frühjahr-Frühsommer
K anspruchslos
H 80 cm - 1 m

**Itea ilicifolia** 74, **76**
Strauch, buschig, immergrün
❀ Spätsommer-Frühherbst
K frostfrei überwintern; Sonne oder Halbschatten; feuchter Boden
H 3 m

**Jasminum nudiflorum** 89, 92
Spreizklimmer, sommergrün
❀ zeitiges Frühjahr
K volle Sonne; alte Triebe nach der Blüte herausschneiden
H 3 m

**Knautia macedonica** 52
mehrjährig
❀ Sommer
K sonnige Lage; braucht eventuell Stütze
H 75 cm

**Kniphofia caulescens** 52
mehrjährig, immergrün
❀ Herbst
K frostempfindlich; volle Sonne und gut durchlüfteter Boden
H 1,20 m

**Lathyrus latifolius** 57
Kletterpflanze, krautig
❀ Sommer-Herbst
K abgeblühte Blüten regelmäßig entfernen
H 2 m

**Lavatera olbia** 'Barnsley' 60, *61*
Strauch, halbimmergrün
❀ den ganzen Sommer hindurch
K Sonne; nicht zur Ausgangsform rückmutieren lassen; nur in wintermilden Gebieten sicher ausdauernd; leicht durch Stecklinge vermehrbar
H 1,50 m

**Lavatera olbia** 'Burgundy Wine' 118
Strauch, sommergrün
❀ remontierend

K frostfrei überwintern; im Frühjahr zurückschneiden
H 1,50-2 m

**Leucojum aestivum** 'Gravetye Giant' 74
Zwiebel
❀ Frühjahr
K kühler Boden; im Frühjahr teilen
H 15-40 cm

**Ligustrum lucidum** 74
Strauch, immergrün
❀ Spätsommer-Frühherbst
K Winterschutz; Sonne oder Halbschatten
H 1-2 m

**Lilium candidum** 77
Zwiebel
❀ Sommer
K lehmiger Boden; Sonne
H 1,20 m

**Lilium martagon album** 97
Zwiebel
❀ Sommer
K Schatten und Laubmulch
H 1,20 m

**Lilium regale** 54, **56**, *60*, 77, 130
Zwiebel
❀ Sommer
K anfällig für Lilienhähnchen
H 50 cm - 2 m

**Limnanthes douglasii** 35
einjährig
❀ Frühsommer-Spätsommer
K Sonne; samt aus
H 15 cm

**Linum perenne** 32
mehrjährig
❀ Sommer
K Sonne; gut durchlüfteter, humusreicher Boden
H 30-50 cm

**Lonicera** x brownii 'Dropmore Scarlet' 52
Kletterpflanze, sommergrün
❀ Sommer
K nach Blüte zurückschneiden
H 4 m

**Lonicera japonica** 'Halliana' 74
Kletterpflanze, sommergrün
❀ Sommer
K leicht frostempfindlich
H bis 5 m

**Lonicera periclymenum** 'Graham Thomas' 92
Kletterpflanze, sommergrün
❀ Sommer
K alte Triebe nach Blüte zurückschneiden
H 7 m

**Lunaria annua** 32
zweijährig
❀ Frühjahr-Frühsommer
K Halbschatten-Schatten; samt aus
H 75 cm - 1 m

**Lunaria annua variegata alba** 57, 77
zweijährig
❀ Frühjahr-Frühsommer
K Halbschatten-Schatten; samt aus
H 75 cm - 1 m

**Lychnis coronaria alba** 118
meist zweijährig
❀ Sommer
K Sonne; samt aus
H 45-60 cm

**Lysimachia clethroides** *97, 99*
mehrjährig
✿ Spätsommer-Frühherbst
Ⓚ Sonne; feuchter Boden
Ⓗ 1 m

**Lysimachia ephemerum**
*77, 130*
mehrjährig
✿ Frühsommer-Herbst, remontierend
Ⓚ Sonne oder Halbschatten; in kalten Wintern Winterschutz
Ⓗ 1 m

**Magnolia salicifolia** *77*
Baum, sommergrün
✿ Frühjahr
Ⓚ fast überall winterhart; Sonne und Schutz; neutraler oder saurer Boden
Ⓗ bis 5 m

**Malus domestica** 'Discovery'
*133, 135*
Obstbaum
✿ Frühjahr, Herbst
Ⓚ nährstoffreicher Boden; im Frühjahr zurückschneiden
Ⓗ Höhe variiert nach Sorte

**Malva** 'Primley Blue' *130, 132*
Kletterpflanze, niedrig
✿ den ganzen Sommer hindurch
Ⓚ durch Stecklinge erneuern
Ⓗ bis 1 m

**Melianthus major** *94*
Strauch, immergrün
✿ Frühjahr-Sommer
Ⓚ frostfrei überwintern; Sonne und gut durchlüfteter Boden
Ⓗ 2-3 m

**Mimulus aurantiacus** *35*
Strauch, immergrün
✿ spätes Frühjahr-Frühherbst
Ⓚ Zimmerpflanze, unter bestimmten Bedingungen auch als Kübelpflanze geeignet
Ⓗ 70 cm

**Morina longifolia** *60*
mehrjährig, immergrün
✿ Hochsommer
Ⓚ volle Sonne
Ⓗ 60-75 cm

**Myosotis alpestris** *115*
mehrjährig
✿ Frühsommer-Sommer
Ⓚ winterhart; am besten als zweijährig behandelt
Ⓗ 20-25 cm

**Myosotis** 'Blue Ball' *38*
zweijährig
✿ Frühjahr-Sommer
Ⓚ winterhart; am besten als zweijährig behandeln
Ⓗ 10-15 cm

**Myosotis** 'White Ball' *115*
zweijährig, kurzlebig
✿ Frühjahr-Sommer
Ⓚ jährlich erneuern
Ⓗ bis 20 cm

**Myrrhis odorata** *74, 76*
Gewürzpflanze, mehrjährig
✿ Sommer
Ⓚ Sonne oder Schatten; nicht aussamen lassen
Ⓗ 60-80 cm

**Narcissus** 'February Gold' *130*
Zwiebel

---

✿ zeitiges Frühjahr
Ⓚ Sonne oder leichter Schatten
Ⓗ 32 cm

**Narcissus** 'February Silver' *92*
Zwiebel
✿ zeitiges Frühjahr
Ⓚ Sonne oder leichter Schatten
Ⓗ 32 cm

**Narcissus** 'Silver Chimes' *130*
Zwiebel
✿ Mitte Frühjahr-spätes Frühjahr
Ⓚ Sonne oder leichter Schatten
Ⓗ 32 cm

**Narcissus** 'Tête à Tête'
*133, 135*
Zwiebel
✿ zeitiges Frühjahr
Ⓚ Sonne oder leichter Schatten
Ⓗ 15-30 cm

**Narcissus pseudonarcissus**
'Thalia' *32, 97*
Zwiebel
✿ Mitte Frühjahr
Ⓗ 38 cm

**Narcissus** 'W.P. Milner' *35*
Zwiebel
✿ zeitiges Frühjahr
Ⓚ Sonne oder Halbschatten
Ⓗ 23 cm

**Nectaroscordum siculum**,
syn. **Allium siculum** *35, 37*
Zwiebel
✿ spätes Frühjahr-Frühsommer
Ⓚ Sonne; gut durchlüfteter Boden
Ⓗ 1 m

**Nemophila menziesii**, syn.
**N. insignis** *38*
einjährig
✿ Sommer
Ⓚ Sonne oder Halbschatten
Ⓗ 20 cm

**Nepeta** x *faassenii* 'Six Hills Giant' *35, 36*
mehrjährig
✿ Frühsommer-Herbst
Ⓚ gut durchlüfteter Boden; häufig teilen
Ⓗ 30-60 cm

**Nicotiana langsdorfii** *72, 115*
einjährig
✿ Sommer
Ⓗ 1-1,50 m

**Nicotiana sylvestris** *130*
einjährig
✿ Sommer
Ⓚ Sonne oder Schatten
Ⓗ 50 cm - 1,50 m

**Nigella damascena** 'Miss Jekyll' *38*
einjährig
✿ Sommer
Ⓚ anspruchslos
Ⓗ 45 cm

**Oenothera tetragona** *92, 94*
mehrjährig
✿ Hochsommer-Spätsommer
Ⓚ anspruchslos
Ⓗ 30-60 cm

**Olearia** x *scilloniensis* *77*
Strauch, immergrün
✿ spätes Frühjahr
Ⓚ nicht winterhart
Ⓗ 2 m

**Omphalodes cappadocica**
*130, 132*

---

mehrjährig
✿ Frühjahr-Sommer
Ⓚ Schatten; feuchter Boden
Ⓗ 15-20 cm

**Onopordum acanthium** *35, 77, 79*
zweijährig
✿ Sommer
Ⓚ Sonne oder Halbschatten; gut durchlüfteter Boden; abgeblühte Blüten entfernen, um Aussamen zu verhindern
Ⓗ 1,80 m

**Origanum vulgare aureum** *92*
Gewürzpflanze, mehrjährig
✿ Sommer
Ⓚ Halbschatten; Blätter verbrennen in voller Sonne
Ⓗ 8 cm

**Osmanthus delavayi** *57*
Strauch, buschig, immergrün
✿ Mitte Frühjahr-spätes Frühjahr
Ⓚ nicht winterhart; Sonne oder Schatten; nach Blüte zurückschneiden
Ⓗ 3,50 m

**Osteospermum barberae**
'Blue Streak', syn. **Dimorphotheca barberae** *115*
ein- bis mehrjährig
✿ Spätsommer
Ⓚ bedingt winterhart; Sonne und gut durchlüfteter Boden
Ⓗ 30 cm

**Osteospermum ecklonis**, syn.
**Dimorphotheca ecklonis** *54*
einjährig
✿ Sommer-Herbst
Ⓗ 45 cm

**Paeonia lactiflora** 'Félix Crousse' *112, 114*
mehrjährig
✿ Sommer
Ⓚ Sonne oder leichter Schatten; nährstoffreicher Boden
Ⓗ 75 cm

**Paeonia lactiflora** 'Instituteur Doriat' *112*
mehrjährig
✿ Sommer
Ⓚ Sonne oder leichter Schatten; nährstoffreicher Boden
Ⓗ 1 m

**Paeonia mlokosewitschii**
*86, 94*
mehrjährig
✿ spätes Frühjahr-Frühsommer
Ⓚ Sonne oder leichter Schatten; nährstoffreicher, gut durchlüfteter Boden
Ⓗ 75 cm

**Paeonia officinalis** 'Rubra Plena' *54, 56*
mehrjährig
✿ Frühjahr-Frühsommer
Ⓚ Sonne oder Schatten; anspruchslos
Ⓗ 75 cm

**Papaver nudicaule** *135*
meist zweijährig
✿ Sommer
Ⓚ Sonne oder Schatten; samt sich aus
Ⓗ 30-50 cm

**Penstemon** 'Apple Blossom'
*115, 117*

---

mehrjährig, halbimmergrün
✿ Hochsommer
Ⓚ Sonne und gut durchlüfteter Boden
Ⓗ 45-80 cm

**Penstemon campanulatus**
'Garnet' *54, 56, 60, 118*
mehrjährig, halbimmergrün
✿ Hochsommer-Herbst
Ⓚ frostempfindlich; durch Stecklinge erneuern
Ⓗ 60-75 cm

**Penstemon** x *gloxinoides* 'Sour Grapes' *29, 118*
mehrjährig
✿ remontierend
Ⓚ jährlich durch Stecklinge erneuern
Ⓗ 60 cm

**Perovskia atriplicifolia**
*115, 117, 118*
Zwergstrauch, sommergrün
✿ Spätsommer-Mitte Herbst
Ⓚ Sonne und leichter Boden; im Frühjahr zurückschneiden
Ⓗ 1,20 m

**Petroselinum crispum** *54*
zwei- bis mehrjährig, kurzlebig
Ⓚ kalter, nährstoffreicher Boden; nicht aussamen lassen
Ⓗ 25 cm

**Phacelia campanularia** *38*
einjährig, buschig
✿ Sommer-Frühherbst
Ⓚ anspruchslos und schnellwüchsig
Ⓗ 20 cm

**Philadelphus coronarius**
'Aureus' *97*
Strauch, sommergrün
✿ spätes Frühjahr-Frühsommer
Ⓚ Halbschatten-Schatten
Ⓗ 3-5 m

**Phlox maculata** 'Omega' *57*
mehrjährig
✿ Sommer
Ⓚ feuchter Boden; im zeitigen Frühjahr teilen
Ⓗ 1 m

**Phygelius aequalis** 'Indian Chief' *52*
Zwergstrauch
✿ Sommer
Ⓚ frostempfindlich; Sonne und geschützte Lage
Ⓗ 1 m

**Phygelius aequalis** 'Yellow Trumpet' *92*
Zwergstrauch, immergrün
✿ remontierend
Ⓚ frostempfindlich, Winterschutz; abgestorbene Triebe im Frühjahr entfernen
Ⓗ 1 m

**Phyllitis scolopendrium**, syn.
**Asplenium scolopendrium**
*74, 76*
Farn, immergrün
Ⓚ Schatten
Ⓗ 30-50 cm

**Polemonium caeruleum**
*84, 94, 96*
mehrjährig
✿ Frühsommer
Ⓚ anspruchslos; samt aus
Ⓗ 45-60 cm

**Polygonum amplexicaule** *52*
mehrjährig

---

✿ Sommer-Herbst
Ⓚ Sonne oder Schatten; feuchter Boden
Ⓗ 1,20 m

**Polystichum setiferum** *72, 74*
Farn, immergrün
Ⓚ Schatten; feuchter Boden
Ⓗ 60 cm - 1 m

**Potentilla atrosanguinea** *52*
mehrjährig, rasenbildend
✿ Hochsommer-Spätsommer
Ⓚ Sonne; gut durchlüfteter Boden
Ⓗ 30-50 cm

**Potentilla nepalensis** 'Miss Willmott' *60*
mehrjährig, rasenbildend
✿ Sommer
Ⓚ gelegentlich teilen
Ⓗ 50 cm

**Primula vulgaris** 'Alba Plena' *112*
mehrjährig
✿ Frühjahr
Ⓚ feuchter Boden; jährlich teilen
Ⓗ 15-20 cm

**Primula** 'Wanda' *112, 114*
mehrjährig
✿ Frühjahr
Ⓚ feuchter Boden; jährlich teilen
Ⓗ 15-20 cm

**Prunus laurocerasus** 'Otto Luyken' *72*
Strauch, immergrün
✿ spätes Frühjahr
Ⓚ anspruchslos; schattentolerant
Ⓗ 75 cm - 1,50 m

**Prunus mume** 'Omoi-no-mama' *130, 132*
Strauch, sommergrün
✿ zeitiges Frühjahr
Ⓚ Sonne und gut durchlüfteter Boden; am besten vor einer Mauer
Ⓗ 2 m

**Prunus tenella** 'Fire Hill' *54*
Strauch, sommergrün
✿ Mitte Frühjahr-spätes Frühjahr
Ⓚ nach Blüte zurückschneiden
Ⓗ 1-2 m

**Pyracantha** 'Watereri' *112*
Strauch, immergrün
✿ Frühsommer
Ⓚ geschützte Lage; Sonne oder Halbschatten; fruchtbarer Boden
Ⓗ 2,50 m

**Pyrus calleryana** 'Chanticleer'
*77*
Baum, sommergrün
✿ Frühjahr
Ⓚ kräftig im Wuchs und resistent gegen Feuerbrand
Ⓗ 10 m

**Rhodochiton atrosanguineum**
*52*
Schlingpflanze, einjährig
✿ spätes Frühjahr-Spätherbst
Ⓚ Vorkultur; Kletterhilfe empfehlenswert
Ⓗ 3 m

**Ribes laurifolium** *130*
Strauch, immergrün
✿ zeitiges Frühjahr
Ⓚ nicht winterhart
Ⓗ 75 cm - 1 m

**Ribes speciosum** 52
Strauch, stachelig
❀ Mitte Frühjahr-spätes Frühjahr
K frostfrei überwintern; warme Lage; im zeitigen Frühjahr zurückschneiden
H 2 m

**Romneya coulteri** 32, **33**
mehrjährig, zwergwüchsig
❀ Spätsommer
K Winterschutz; sonnige Lage; kann verwildern
H 2 m

**Rosa** 'Albéric Barbier' 32
Kletterrose, halbimmergrün
❀ Sommer, remontierend
K Sonne oder Schatten
H bis 5 m

**Rosa** 'Alchymist' 35, **36**
Kletterrose
❀ spätes Frühjahr-Frühsommer
K im Frühjahr zurückschneiden
H 3,50 m

**Rosa** 'Alister Stella Gray' 94
Noisette-Kletterrose
❀ Sommer-Herbst
K sehr frostempfindlich; im Frühjahr zurückschneiden
H 5 m

**Rosa chinensis** 'Mutabilis' **17, 52**
Strauchrose
❀ Sommer-Herbst
K Sonne; geschützte Mauer
H 1 m

**Rosa** 'De Rescht' 60
Damaszenerrose
❀ Sommer, remontierend
K im Frühjahr zurückschneiden
H 90 cm

**Rosa** 'Dupontii' 77
Strauchrose
❀ Hochsommer
K alte Triebe zurückschneiden
H 2,20 m

**Rosa** 'Ferdinand Pichard' 54, **56**
Hybridrose, fortlaufend blühend
❀ Sommer-Herbst
K nährstoffreicher Boden
H 1,50 m

**Rosa** 'Frau Dagmar Hastrup' 112, **113**
Rugosa-Rose
❀ Spätsommer-Herbst
K alte Triebe zurückschneiden
H 1 m

**Rosa** 'Gloire de Dijon' 35, **37**
Kletterrose
❀ Sommer-Herbst
K warme Mauer
H 4 m

**Rosa** 'Golden Wings' 92, **97**
Strauchrose
❀ Sommer-Herbst
K alte Triebe zurückschneiden
H 1,10 m

**Rosa hugonis** 86, 88, **94, 96**
Strauchrose
❀ Frühsommer
K nur abgestorbene und älteste Triebe zurückschneiden ?
H 1,50-2 m

**Rosa** 'Mermaid' 92
Kletterrose, immergrün
❀ remontierend
K geschützte Mauer
H bis 6 m

**Rosa** 'Mme Alfred Carrière' 57, 58, 72
Kletterrose
❀ Sommer-Herbst
K kräftig und remontierend
H bis 5,50 m

**Rosa** 'Mme Grégoire Staechelin' 66
Kletterrose
❀ Sommer
K im Frühjahr zurückschneiden
H 6 m

**Rosa** 'Mme Isaac Pereire' 49, 118
Bourbon-Rose
❀ Sommer-Herbst
K nährstoffreicher Boden
H 2,20 m

**Rosa moyesii** 52
Strauchrose
❀ Sommer
K kräftig im Wuchs; alte Triebe zurückschneiden
H 1,50-2 m

**Rosa** 'Nathalie Nypels' 115
Floribunda-Rose
❀ Sommer
K im Frühjahr zurückschneiden
H 90 cm

**Rosa nutkana** 'Plena', syn. **R. californica** 'Plena' 57
Strauchrose
❀ Sommer
K gelegentlich im Frühjahr zurückschneiden
H 2 m

**Rosa** 'Pearl Drift' 35
Strauchrose
❀ Sommer-Herbst
K abgeblühte Blüten entfernen, um Blühfreudigkeit zu erhalten
H 1,50 m

**Rosa** 'The Fairy' 54, **56**
Bodendecker- und Kleinstrauchrose
❀ Spätsommer-Herbst
K leicht zurückschneiden
H 60 cm

**Rosa** 'Tynwald' 94
Strauchrose
❀ Sommer
K im Frühjahr zurückschneiden
H 1 m

**Rosa** 'Yvonne Rabier' 72
Polyantha-Beetrose
❀ Sommer-Herbst
K leicht zurückschneiden
H 45 cm

**Rosmarinus officinalis** 'Miss Jessopp's Upright' 38
Strauch, aufrecht, immergrün
❀ spätes Frühjahr und gelegentlich noch einmal im Herbst
K Sonne und gut durchlüfteter Boden; nach der Blüte zurückschneiden; Winterschutz
H 2 m

**Rosmarinus officinalis** 'Severn Sea' 32
Strauch, immergrün
❀ Mitte Frühjahr-spätes Frühjahr
K Sonne; gut durchlüfteter Boden; nach der Blüte zurückschneiden; Winterschutz
H 50 cm - 1 m

**Rubus cockburnianus** 112, **124**

Strauch, sommergrün, aufrecht-überhängend
❀ Frühsommer, Winter
K empfindlich gegen stärkere Fröste; im Spätsommer zurückschneiden
H 2,50 m

**Ruta graveolens** 'Jackman's Blue' 127, **136**
Zwergstrauch, immergrün
❀ Sommer
K Sonne und gut durchlüfteter Boden; im Frühjahr zurückschneiden
H 30-75 cm

**Salix hastata** 'Wehrhahnii' 112
Strauch, sommergrün
❀ Frühjahr
K feuchter Boden; alte Triebe zurückschneiden
H 75 cm

**Salpiglossis sinuata** 'Splash' 133
einjährig
❀ Sommer-Frühherbst
K Vorkultur
H 60 cm

**Salvia involucrata** 'Bethellii' 60, **61,** 89, 128
Zwergstrauch
❀ Spätsommer-Herbst
K nicht winterhart; durch Stecklinge erneuern
H 1,20-1,50 m

**Salvia microphylla neurepia** 54
Strauch
❀ Sommer-Herbst
K frostfrei überwintern; Sonne und gut durchlüfteter Boden
H 1 m

**Salvia officinalis** 'Purpurascens' 52
Gewürzpflanze, halbimmergrün
❀ Sommer
K sonnig; alle drei Jahre erneuern
H 40-60 cm

**Salvia patens** 'Cambridge Blue' 94
einjährig
❀ Sommer-Herbst
H 45-60 cm

**Salvia sclarea turkestanica** **7,** 115
zweijährig
❀ Sommer
K Sonne; samt aus
H 75 cm - 1 m

**Salvia** x **superba** 'May Night' 115
mehrjährig
❀ Sommer
K Sonne; gut durchlüfteter Boden
H 1 m

**Sambucus racemosa** 'Plumosa Aurea' 97, **98**
Strauch, sommergrün
❀ Frühjahr
K schattige Lage; Blätter verbrennen in der Sonne
H 3 m

**Santolina pinnata neapolitana** 92
Strauch, immergrün
❀ Hochsommer

K zuweilen wetterempfindlich; im Frühjahr zurückschneiden
H 40-70 cm

**Saponaria officinalis** 'Rosea Plena' 54
mehrjährig, verwildernd
❀ Sommer
K anspruchslos
H 60-90 cm

**Sarcococca hookeriana digyna** 74, 77
Strauch, immergrün
❀ Winter
K frostfrei überwintern; Schatten
H 1,50 m

**Saxifraga** x **urbium** 57, 74
mehrjährig, immergrün
❀ Sommer
K Halbschatten
H 30 cm

**Scilla siberica** 'Spring Beauty' 32, 38
Zwiebel
❀ zeitiges Frühjahr
K Sonne; gut durchlüfteter, feuchter Boden
H 5 cm

**Sedum spectabile** 60
mehrjährig
❀ Spätsommer
K trockener Boden
H 45 cm

**Sidalcea** 'Loveliness' 54
mehrjährig
❀ Sommer
K Sonne und gut durchlüfteter Boden; im Frühjahr teilen
H 1 m

**Silybum marianum** 77, 118
zweijährig
❀ Sommer-Frühherbst
K Sonne; gut durchlüfteter Boden
H 1,20 m

**Sisyrinchium striatum** 92
mehrjährig, halbimmergrün
❀ Sommer
K wächst auf allen Böden
H 45-60 cm

**Solanum crispum** 'Glasnevin' 118
Kletterpflanze, halbimmergrün
❀ Sommer
K frostfrei überwintern; volle Sonne; im Frühjahr ausdünnen
H bis 6 m

**Solanum jasminoides** 'Album' 57, **59**
Kletterpflanze, halbimmergrün
❀ Sommer-Herbst
K frostfrei überwintern; volle Sonne; an Mauer ziehen
H bis 6 m

**Spartium junceum** 131, **132,** 138
Strauch, sommergrün
❀ Herbst
K Winterschutz; Sonne; nährstoffarmer Boden; im zeitigen Frühjahr zurückschneiden
H 3 m

**Stachys byzantina**, syn. **S. olympica** 36, 60
mehrjährig, halbimmergrün
K gut durchlüfteter Boden; welke Blätter regelmäßig entfernen
H 45 cm

**Stachys byzantina** 'Silver Carpet' 35

mehrjährig, immergrün, polsterbildend
K anspruchslos
H 15 cm

**Teucrium fruticans** 35, 119
Strauch
❀ Sommer
K Winterschutz; wächst am besten an einer warmen Mauer
H 2 m

**Thalictrum aquilegifolium** 'White Cloud' 57
mehrjährig
❀ Frühsommer
K Sonne oder leichter Schatten
H 1-1,20 m

**Thalictrum flavum** 94
mehrjährig
❀ Hochsommer-Spätsommer
K Sonne oder leichter Schatten; nicht zu trocken
H 1,20-2 m

**Tropaeolum majus** 'Empress of India' 45, 52
einjährig
❀ Sommer
K anspruchslos
H 25 cm

**Tulipa acuminata** 133
Zwiebel
❀ zeitiges Frühjahr-Frühjahr
K tief pflanzen oder Zwiebeln aufnehmen und jedes Jahr neu pflanzen
H 30-45 cm

**Tulipa** 'Angélique' 60, 118
Zwiebel
❀ spätes Frühjahr
K Sonne oder Schatten; tief pflanzen oder Zwiebeln aufnehmen und jedes Jahr neu pflanzen
H 40 cm

**Tulipa** 'Bellona' 94
Zwiebel
❀ früh
K Sonne oder Schatten; tief pflanzen oder Zwiebeln aufnehmen und jedes Jahr neu pflanzen
H 30 cm

**Tulipa clusiana** 115, 118
Zwiebel
❀ Frühjahr
K Sonne oder Schatten; tief pflanzen oder Zwiebeln aufnehmen und jedes Jahr neu pflanzen
H bis 25 cm

**Tulipa** 'Estella Rijnveld' 118
Zwiebel
❀ spätes Frühjahr
K Sonne oder Schatten; tief pflanzen oder Zwiebeln aufnehmen und jedes Jahr neu pflanzen
H 45 cm

**Tulipa** 'Generaal de Wet' 52
Zwiebel
❀ zeitiges Frühjahr
K tief pflanzen oder Zwiebeln aufnehmen und jedes Jahr neu pflanzen
H 45 cm

**Tulipa** 'Palestrina' 115
Zwiebel
❀ spätes Frühjahr

Ⓚ Sonne oder Schatten; tief pflanzen oder Zwiebeln aufnehmen und jedes Jahr neu pflanzen
Ⓗ 45 cm

**Tulipa praestans** 62
Zwiebel
❀ zeitiges Frühjahr
Ⓚ tief pflanzen oder Zwiebeln aufnehmen und jedes Jahr neu pflanzen
Ⓗ 10-45 cm

**Tulipa** 'Purissima' 35, 77
Zwiebel
❀ zeitiges Frühjahr-Frühjahr
Ⓚ tief pflanzen oder Zwiebeln aufnehmen und jedes Jahr neu pflanzen
Ⓗ 35-40 cm

**Tulipa praestans** 'Queen of Night' 32, 57, **59**
Zwiebel
❀ spätes Frühjahr
Ⓚ Sonne; leichter Boden; tief pflanzen oder Zwiebeln aufnehmen und jedes Jahr neu pflanzen
Ⓗ 60 cm

**Tulipa praestans** 'Schoonoord' 38
Zwiebel
❀ Frühjahr
Ⓚ Sonne; leichter Boden; tief pflanzen oder Zwiebeln aufnehmen und jedes Jahr neu pflanzen
Ⓗ 60 cm

**Tulipa** 'Shirley' 57, 60
Zwiebel
❀ Frühjahr
Ⓚ Sonne; leichter Boden; tief pflanzen oder Zwiebeln aufnehmen und jedes Jahr neu pflanzen
Ⓗ 60 cm

**Tulipa** 'Spring Green' 72
Zwiebel
❀ spätes Frühjahr
Ⓚ Sonne oder Schatten; tief pflanzen oder Zwiebeln aufnehmen und jedes Jahr neu pflanzen
Ⓗ 60 cm

**Tulipa sylvestris** 92
Zwiebel
❀ zeitiges Frühjahr
Ⓚ Sonne oder Schatten; leichter Boden
Ⓗ 10-45 cm

**Tulipa** 'Texas Gold' 92
Zwiebel
❀ zeitiges Frühjahr
Ⓚ tief pflanzen oder Zwiebeln aufnehmen und jedes Jahr neu pflanzen
Ⓗ 60 cm

**Tulipa** 'West Point' 94, **96**
Zwiebel
❀ spätes Frühjahr
Ⓚ Sonne oder Schatten; tief pflanzen oder Zwiebeln aufnehmen und jedes Jahr neu pflanzen
Ⓗ 50 cm

**Tulipa** 'White Triumphator' 92, **124**
Zwiebel
❀ spätes Frühjahr
Ⓚ Sonne oder Schatten; tief pflanzen oder Zwiebeln aufnehmen und jedes Jahr neu pflanzen
Ⓗ 65-70 cm

**Valeriana phu** 'Aurea' 130
mehrjährig
❀ Sommer
Ⓚ Sonne; gut durchlüfteter Boden
Ⓗ 38 cm

**Veratrum album** 97, **98**
mehrjährig
❀ Sommer
Ⓚ Halbschatten; im Herbst teilen
Ⓗ bis 1,50 m

**Verbascum olympicum** 92
zweijährig oder mehrjährig kurzlebig
❀ Hochsommer
Ⓚ Sonne; samt sich aus
Ⓗ 2 m

**Verbena bonariensis** 32
einjährig, in sehr milden Lagen mehrjährig
❀ Sommer-Herbst
Ⓚ Sonne; gut durchlüfteter Boden
Ⓗ 1m

**Verbena** 'Silver Anne' 54
einjährig, in sehr milden Lagen mehrjährig

❀ Sommer
Ⓗ 15 cm

**Verbena** 'Sissinghurst' 118
einjährig, in sehr milden Lagen mehrjährig
❀ Sommer
Ⓚ Sonne; gut durchlüfteter Boden
Ⓗ 15-20 cm

**Veronica** 'Blue Fountain' 38, **39**
mehrjährig
❀ Hochsommer-Herbst
Ⓚ Sonne; gut durchlüfteter Boden
Ⓗ 25 cm

**Viburnum carlessii** 'Diana' 112, **114**
Strauch, sommergrün
❀ Mitte Frühjahr-spätes Frühjahr
Ⓚ Sonne oder Halbschatten; feuchter Boden; alte Triebe nach der Blüte ausschneiden
Ⓗ 2 m

**Viburnum tinus** 'Eve Price' 74
Strauch, immergrün
❀ spätes Frühjahr-Sommer
Ⓚ frostfrei überwintern; trockener Boden; geschützte Lage
Ⓗ 3 m

**Viola** 'Aspasia' 92
im allgemeinen zweijährig
❀ Hochsommer, remontierend
Ⓚ stark zurückschneiden und wässern, um Blühfreudigkeit zu steigern

Ⓗ 25 cm

**Viola** 'Boughton Blue' 38
mehrjährig
❀ Frühsommer-Hochsommer
Ⓚ zurückschneiden, sobald Blühfreudigkeit nachläßt
Ⓗ 45 cm

**Viola cornuta alba** 54, 77, 92
mehrjährig
❀ Frühjahr und Sommer
Ⓚ Winterschutz empfohlen; Sonne oder Schatten; nach der Blüte zurückschneiden
Ⓗ 12-20 cm

**Viola** 'Huntercombe Purple' 32, **34**, 57
mehrjährig
❀ Frühjahr-Spätsommer
Ⓚ Sonne; gut durchlüfteter Boden
Ⓗ 15-30 cm

**Vitis vinifera** 'Purpurea' 52
Kletterpflanze, sommergrün
❀ Sommer
Ⓚ nährstoffreicher Boden; Sonne; im Spätherbst stark zurückschneiden
Ⓗ 7 m

**Weigela florida** 'Variegata' 115
Strauch, sommergrün
❀ spätes Frühjahr
Ⓚ sonnige Lage auf fruchtbarem Boden; Triebe nach Blüte zurückschneiden
Ⓗ 1,50 m

# Pflanzen-verzeichnis nach Farben

Die folgende Liste von Pflanzen ist nach Farben geordnet. Bei der Zuordnung richtete ich mich nach dem farbenbestimmenden Teil der Pflanzen, sei es Blüte, Frucht oder Blattwerk. Einige Pflanzen, deren Farbe gleichermaßen von ihrer Blatt- oder Fruchtfarbe und ihrer Blütenfarbe bestimmt wird, finden sich zweimal in der Liste. Die mit einem * gekennzeichneten Pflanzen wurden in den Plänen dieses Buches nicht berücksichtigt. Ich habe sie aber selbst in meinem Garten gehabt und mich an ihnen erfreut und hätte sie in den Plänen verwertet, wenn Platz dafür gewesen wäre.

## Blaues Spektrum

### Blaßblau
Amsonia tabernaemontana*
Campanula lactiflora*
Campanula persicifolia 'Telham Beauty'*
Chiondoxa luciliae
Iris pallida
Lobelia 'Cambridge Blue'*
Muscari tubergenianum*
Nemophilia menziesii
Nierembergia repens*
Platycodon grandiflorum*
Rosmarinus officinalis 'Severn Sea'
Salvia patens 'Cambridge Blue'
Scabiosa caucasica 'Clive Greaves'*
Teucrium fruticans
Veronica gentianoides*

### Tiefes Blau
Agapanthus 'Headbourne Hybrids'
Anchusa azurea 'Loddon Royalist'*
Anchusa capensis 'Blue Angel'
Anemone blanda 'Atrocaerula'
Aquilegia alpina
Brunnera macrophylla*
Ceanothus 'Autumnal Blue'
Ceanothus 'Burkwoodii'
Ceanothus 'Cascade'
Ceanothus impressus
Ceratostigma plumbaginoides
Ceratostigma willmottianum
Clematis alpina 'Frances Rivis'
Clematis 'Perle d'Azur'
Delphinium Belladonna 'Blue Bees'*
Delphinium Belladonna 'Wendy'
Echium lycopsis 'Blue Bedder'
Felicia amelloides
Gentiana acaulis
Geranium 'Johnson's Blue'
Geranium wallichianum 'Buxton's Variety'

Ipomoea 'Heavenly Blue'*
Iris 'Jane Phillips'
Iris reticulata 'Joyce'*
Iris sibirica 'Splash Down'
Linum narbonense*
Linum perenne
Meconopsis x sheldonii*
Myosotis 'Blue Ball'
Nigella damascena 'Miss Jekyll'
Phacelia campanularia
Salvia patens
Scilla siberica 'Spring Beauty'
Veronica 'Blue Fountain'
Viola 'Boughton Blue'
Viola 'Ullswater'*

### Bläuliches Malvenrosa
Abutilon vitifolium 'Veronica Tennant'
Aster x frikartii 'Mönch'*
Aster x thompsonii 'Nanus'
Buddleja 'Lochinch'
Camassia cusickii
Camassia leichtlinii*
Campanula lactiflora 'Prichard's Variety'
Clematis 'Mrs Cholmondeley'*
Convolvulus sabatius
Cocus etruscus 'Zwanenburg'
Crocus 'Quenn of the Blues'*
Crocusa tommasinianus
Erygium x oliveranum
Galega officinalis*
Hibiscus syriacus 'Blue Bird'
Lavandula angustifolia*
Malva 'Primley Blue'*
Nepeta 'Six Hills Giant'
Penstemon 'Sour Grapes'
Perovskia atriplicifolia
Phlox 'Chattahoochee'*
Phlox paniculata 'Fairy's Petticoat'*
Polemonium caeruleum
Pulmonia angustifolia 'Munstead Blue'*
Rosmarinus officinalis 'Miss Jessopp's Upright'*
Solanum crispum 'Glasnevin'
Syringa vulgaris 'Firmament'*
Thalictrum aquilegifolium*
Vinca minor 'La Grave'*
Wisteria floribunda*

### Malvenrosa
Campanula lactiflora 'Loddon Anna'*
Clematis 'Comtesse de Bouchaud'*
Clematis 'Lady Betty Balfour'*
Clematis 'Nelly Moser'*
Dictamnus fraxinella*
Hesperius matronalis
Linaria purpurea 'Canon Went'*
Polemonium foliosissimum*
Pulsatilla vulgaris*
Syringa palibiniana*

## Rotes Spektrum

### Blaßrosa
Abelia x grandiflora
Actinidia kolomikta
Aquilegia vulgaris
Aster lateriflorus 'Horizontalis'
Clematis montana 'Elisabeth'
Cleome 'Pink Queen'*

Crepis incana
Dianthus barbatus auricula-eyed*
Dianthus 'Emile Paré'*
Diascia vigilis
Erigeron mucronatus*
Escallonia 'Apple Blossom'*
Geranium macrorrhizum 'Ingwersen's Variety'
Geranium sanguineum 'Glenluce'
Helleborus orientalis orientalis
Heuchera 'Apple Blossom'*
Lavatera olbia 'Barnsley'
Malus domestica 'Discovery'
Malus 'Katherine'
Morina londifolia
Penstemon 'Apple Blossom'
Penstemon 'Evelyn'*
Prunus mume 'Omoi-no-mama'
Rosa 'Frau Dagmar Hastrup'
Rosa 'Mme Pierre Oger'*
Salvia sclarea turkestanica
Saponaria officinalis 'Rosea Plena'
Saxifraga x urbium
Sidalcea 'Loveliness'
Syringa microphylla
Verbena 'Silver Anne'
Viburnum carlesii 'Diana'
Weigela 'Florida Variegata'

### Kräftiges Rosa
Aster novae-angliae 'Harrington's Pink'*
Bergenia 'Ballawley'*
Camellia 'Donation'*
Cercis siliquastrum*
Cistus x purpureus*
Cyclamen coum
Daphne retusa
Dicentra 'Adrian Bloom'*
Geranium cinereum 'Ballerina'*
Geranium 'Russel Prichard'
Lathyrus latifolius
Potentilla nepalensis 'Miss Willmott'
Prunus tenella 'Fire Hill'
Rosa 'Constance Spry'*
Rosa 'Fritz Nobis'*
Rosa 'Mme Grégoire Staechelin'
Rosa nutkana 'Plena'
Salvia involucrata 'Bethellii'
Sedum spectabile
Tulipa 'Angélique'
Verbena 'Sissinghurst'
Viburnum x bodnantense*

### Lachsrosa
Dianthus 'Doris'*
Digitalis x mertonensis
Geranium endressii 'Wargrave Pink'
Papaver orientale 'Mrs Perry'*
Rosa 'The Fairy'

### Scharlachrot
Acer palmatum coreanum*
Chaenomeles superba 'Rowallane'
Cheiranthus cheiri 'Vulcan'
Crocosmia 'Lucifer'
Dahlia 'Bishop of Llandaff'
Dahlia 'Coltness Hybrids'
Fritillaria imperialis*
Fuchsia 'Riccartonii'

Geum 'Mrs Bradshaw'
Helianthemum 'Ben Hope'
Hemerocallis 'Stafford'
Heuchera 'Red Spangles'*
Lobelia cardinalis*
Lonicera x brownii 'Dropmore Scarlet'
Malus 'John Downie'*
Monarda didyma 'Cambridge Scarlet'*
Paeonia tenuifolia*
Papaver orientale 'Indian Chief'*
Phlox paniculata 'Starfire'*
Phygelius aequalis 'Indian Chief'
Polygonum amplexicaule
Potentilla atrosanguinea*
Potentilla 'Red Ace'*
Primula 'Red Hugh'*
Pyracantha 'Watererei'
Ribes speciosum
Rosa 'Alec's Red'*
Rosa 'Frau Dagmar Hastrup'
Rosa moyesi
Rosa 'Scarlet Fire'*
Salpiglossis sinuata 'Splash'
Salvia microphylla neurepia
Tropaeolum 'Emoress of India'
Tropaeolum speciosum*
Tulipa praestans

### Karmesinrot
Antirrhinum 'Crimson Monarch'
Centranthus ruber
Clematis 'Gravetye Beauty'*
Clematis 'Kermesina'*
Dianthus barbatus auricula-eyed*
Dianthus 'Brympton Red'
Dianthus 'Prudence'*
Fuchsia 'Mme Cornelissen'
Linum grandiflorum rubrum*
Lynchnis coronaria*
Malus 'Lemoinei'*
Malus sargentii*
Paeonia lactiflora 'Félix Crousse'
Paeonia lactiflora 'Instituteur Doriat'*
Paeonia officinalis 'Rubra Plena'
Penstemon 'Garnet'
Rosa 'De Rescht'
Rosa 'Ferdinand Pichard'
Tulipa clusiana
Tulipa 'Estella Rijnveld'

### Kräftiges Purpur
Abutilon x suntense
Acanthus balcanicus
Acanthus spinosus
Buddleja davidii 'Black Knight'
Clematis 'Jackmanii Superba'
Clematis viticella 'Etoile Violette'
Crocus siberi 'Violet Queen'
Daphne mezereum*
Erysimum 'Bowle's Mauve'
Fuchsia 'Riccartonii'
Geranium 'Ann Folkard'
Gladiolus byzantinus*
Hebe 'La Séduisante'
Heliotrophium 'Princess Marina'*
Helleborus orientalis orientalis
Iris graminea
Lathyrus latifolius
Lavandula angustifolia 'Hidcote'*
Lunari annua

Magnolia liliiflora 'Nigra'*
Origanum laevigatum*
Primula 'Wanda'
Rosa 'Cerise Bouquet'*
Rosa 'Mme Isaak Pereire'
Salvia 'Victoria'*
Syringa vulgaris 'Souvenir de Louis Spaeth'*
Verbena bonariensis
Viola 'Huntercombe Purple'

### Kastanienbraun und Schwarzpurpur
Alcea rosea 'Nigra'
Cosmos atrosanguineus
Dianthus 'Dad's Favourite'
Fritillaria pyrenaica*
Helleborus artrrorubens*
Knautia macedonica
Lavatera olbia 'Burgundy Wine'
Rosa 'Guinée'*
Rosa 'Tuscany'*
Rhodochiton atrosanguineum
Sedum maximum atropurpureum*
Tulipa 'Queen of Night'
Viola labradorica*

## Gelbes Spektrum

### Klares Gelb oder Blaßgelb
Achillea 'Moonshine'
Aconitum vulparia
Alcea rugosa
Alyssum 'Citrinum'*
Argyranthemum maderense
Cephalaria gigantea
Cheiranthus cheiri 'Moonlight'
Cheiranthus 'Primrose Bedder'*
Clematis rehderiana
Corylopsis pauciflora*
Cytisus kewensis*
Digitalis lutea
Elaeagnus x ebbingei 'Limelight'*
Eremurus spectabilis
Erythronium 'Pagoda'*
Forsythia suspensa*
Helichrysum 'Sulphur Light'
Hemerocallis lilio-asphodelus
Hemerocallis 'Marion Vaughn'
Hypericum olympicum 'Citrinum'*
Limnanthes douglasii
Lonicera japonica 'Halliana'
Lonicera periclymenum 'Graham Thomas'
Lupinus arboreus*
Narcissus 'February Silver'
Narcissus 'W.P. Milner'
Nepeta govaniana*
Paeonia mlokosewitschii
Papaver nudicaule*
Phygelius aequalis 'Yellow Trumpet'*
Potentilla 'Vilmoriniana'*
Primula vulgaris*
Rhododendron lutescens*
Rosa 'Albéric Barbier'
Rosa 'Alister Stella Gray'
Rosa banksiae 'Lutea'*
Rosa hugonis

Rosa 'Mermaid'*
Santolina pinnata 'Sulphurea'*
Syringa vulgaris 'Primrose'*
Thalictrum flavum
Tulipa sylvestris
Tulipa 'West Point'
Verbascum elegantissimum
  'Gainsborough'*
Verbascum olympicum
Viola 'Aspasia'

### Goldgelb
Acacia dealbata
Azara microphylla
Cheiranthus cheiri 'Harpur
  Crewe'*
Clematis orientalis 'Bill
  Mackenzie'
Crocosmia 'Citronella'
Cytisus battandieri*
Dahlia 'Coltness Hybrids'
Doronicum plantagineum
  'Excelsum'
Foeniculum vulgare
Fritillaria imperialis 'Aurora'*
Genista aetnensis*
Jasminum nudiflorum
Laburnum watereri
  'Vossii'*
Malus 'Golden Hornet'*
Narcissus 'February Gold'
Narcissus 'Tête-à-Tête'
Oenothera tetragona
Origanum vulgare aureum
Paeonia lutea 'Ludlowii'*
Philadelphus coronarius
  'Aureus'
Pipthantus nepalensis*
Rosa 'Golden Showers'*
Rosa 'Golden Wings'
Rudbeckia hirta 'Rustie
  Dwarfs'*
Spartium junceum
Tulipa 'Bellona'
Tulipa 'Texas Gold'
Viburnum opulus
  'Xanthocarpum'*

### Orange und
### Apricot
Calendula officinalis
Cheiranthus cheiri 'Wenlock
  Beauty'*
Chrysanthemum carinatum
  'Monarch Court Jesters'
Crocosmia x crocosmiiflora*
Digitalis purpurea 'Sutton's
  Apricot'
Euphorbia griffithii 'Fireglow'
Fuchsia fulgens*
Helenium 'Moerheim Beauty'*

Kniphofia caulescens
Lilium tigrinum*
Lonicera 'Gold Flame'*
Mimulus aurantiacus
Nemesia strumosa*
Papaver nudicaule*
Potentilla 'Daydawn'*
Rosa 'Alychmist'
Rosa chinensis 'Mutabilis'
Rosa 'Gloire de Dijon'
Rosa 'Nathalie Nypels'
Rudbeckia hirta 'Rustie
  Dwarfs'*
Salpiglossis sinuata
  'Splash'
Tropaeolum majus 'Alaska'*
Tulipa acuminata
Tulipa 'Generaal de Wet'

### Weiß
Alcea rosea single white
Anaphalis triplinervis
Anemone blanda 'White
  Splendour'
Anemone x hybrida 'Honorine
  Jobert'
Aster 'Montecassino'*
Astrantia major
Bergenia 'Silberlicht'
Camellia 'Cornish Snow'*
Campanula lactiflora alba
Campanula persicifolia alba*
Centranthus ruber albus
Choisya ternata
Cistus corbariensis*
Clematis 'Huldine'
Clematis x jouiniana 'Praecox'
Convallaria majalis
Cosmos 'Purity'*
Crambe cordifolia*
Crambe maritima
Crocus 'Bowles' White'
Cyclamen coum album
Dianthus 'Haytor White'
Dianthus 'Musgrave's Pink'
Digitalis purpurea alba
Epilobium glabellum
Escallonia 'Iveyi'
Exochorda macrantha 'The
  Bride'*
Filipendula vulgaris 'Plena'
Galanthus 'Ophelia'
Galtonia candicans*
Geranium renardii*
Helleborus orientalis orientalis
Hesperis matronalis
Iberis sempervirens
Jasminum officinale*
Lathyrus latifolius albus
Leucojum aestivum 'Gravetye
  Giant'

Ligustrum lucidum
Lilium candidum
Lilium martagon album
Lilium regale
Lunaria annua
Lunaria annua variegata alba
Lychnis coronaria alba
Lysimachia clethroides
Lysimachia ephemerum
Magnolia salicifolia
Malus sargentii*
Myosotis 'White Ball'
Myrrhis odorata
Myrtus communis*
Narcissus 'Silver Chimes'
Narcissus 'Thalia'
Nicotiana sylvestris
Olearia x scilloniensis
Omphalodes linifolia*
Osmanthus delavayi
Osteospermum barberae 'Blue
  Streak'
Osteospermum ecklonis
Paeonia lactiflora 'Duchesse de
  Nemours'*
Papaver nudicaule*
Phlox maculata 'Omega'
Primula vulgaris 'Alba Plena'
Pyracantha 'Watereri'*
Pyrus calleryana 'Chanticleer'
Romneya coulteri
Rosa 'Dupontii'
Rosa 'Mme Alfred Carrière'
Rosa 'Pearl Drift'
Rosa 'White Cockade'*
Rubus cockburnianus
Rubus tridel 'Benenden'*
Silybum marianum
Smilacina racemosa*
Solanum jasminoides 'Album'
Thalictrum aquilegifolium 'White
  Cloud'
Trachelospermum jasminoides*
Tulipa 'Purissima'
Tulipa 'Schoonoord'
Tulipa 'Shirley'
Tulipa 'White Triumphator'
Viburnum 'Anne Russell'*
Viburnum opulus*
Viburnum plicatum 'Mariesii'*
Viburnum tinus 'Eve Price'
Vinca minor 'Alba Variegata'*
Viola cornuta alba
Wisteria floribunda 'Alba'*

### Cremeweiß
Aruncus sylvester*
Clematis cirrhosa balearica
Rosa 'Tynwald'
Rosa 'Yvonne Rabier'
Sisyrinchium striatum

## Grüntöne
## und Blattwerk

### Grün mit Grün
Alchemilla mollis
Angelica archangelica
Bupleurum fruticosum
Buxus suffruticosa
Dryopteris filix-mas
Euphorbia amygdaloides
  robbiae
Euphorbia Characias wulfenii
Euphorbia polychroma*
Fritillaria pontica*
Garrya elliptica*
Hedera colchica 'Paddy's Pride'*
Helleborus corsicus*
Helleborus foetidus 'Wester
  Flisk'
Heuchera cylindrica 'Grennfinch'*
Hosta plantaginea
Humulus lupulus aureus
Itea ilicifolia
Nectaroscordum siculum
Nicotiana langsdorfii
Nicotiana 'Lime Green'*
Petroselinum crispum
Phyllitis scolopendrium (syn.
  Asplenium scolopendrium)
Polystichum setiferum
Prunus laurocerasus 'Otto
  Luykon'
Ribes laurifolium
Salvia officinalis 'Icterina'*
Sambucus canadensis 'Aurea'*
Sambucus racemosa 'Plumosa
  Aurea'
Sarcococca hookeriana digyna
Smyrnium perfoliatum*
Tulipa 'Palestrina'
Tulipa 'Spring Green'
Valeriana phu 'Aurea'
Veratrum album
Zinnia 'Envy'*

### Blaugrünes Laub
Crambe maritima
Eryngium giganteum*
Eryngium x oliverianum
Eucalyptus gunnii*
Euphorbia myrsinites*
Festuca glauca*
Hebe pinguifolia 'Pagei'*
Hosta 'Buckshaw Blue'*
Hosta sieboldiana
Iris pallida pallida
Lavandula angustifolia*
Melianthus major
Nepeta 'Six Hills Giant'
Rosa glauca*

Ruta graveolens 'Jackman's
  Blue'*
Veronica perfoliata*

### Silbernes oder
### graues Laub
Acacia dealbata
Anaphalis triplinervis
Artemisia arborescens
Artemisia 'Powis Castle'
Ballota acetabulosa*
Convolvulus cneorum*
Cyclamen hederifolium*
Cynara cardunculus*
Cytisus battandieri*
Elaeagnus angustifolia*
Elaeagnus x ebbingei 'Limelight'
Helichrysum petiolare*
Iris 'Florentina'
Onopordum acanthium
Potentilla 'Vilmoriniana'*
Salix hastata 'Wehrhahnii'
Santolina chamaecyparissus*
Santolina pinnata neapolitana
Sedum spectabile
Senecio 'Sunshine'*
Stachys byzantina 'Silver Carpet'
Teucrium fruticans
Thymus lanuginosus*
Verbascum olympicum

### Gefleckte weiße oder
### cremefarbene Blätter
Azara microphylla 'Variegata'*
Brunnera 'Hadspen Cream'*
Cornus alba 'Elegantissima'
Hosta fortunei albopicta
Hosta fortunei 'Marginata Alba'
Iris pallida 'Variegata'
Kerria japonica 'Variegata'*
Lamium maculatum 'White
  Nancy'*
Lunaria annua variegata*
Tropaeolum 'Alaska'*
Vinca minor 'Alba Variegata'*
Weigela 'Florida Variegata'

### Purpurfarbenes Laub
Ajuga reptans atropurpurea*
Dahlia 'Bishop of Llandaff'
Foeniculum vulgare
  'Purpureum'
Fuchsia fulgens*
Heuchera micrantha 'Palace
  Purple'*
Lobelia cardinalis*
Salvia officinalis 'Purpurascens'
Sedum maximum atropurpu-
  reum*
Viola labradorica*
Vitis vinifera 'Purpurea'

# Verzeichnis der Deutschen Pflanzennamen

Affodill *Asphodelus*
Afrikalilie *Agapanthus*
Ahorn *Acer*
Akazie *Acacia dealbata*
Alpenveilchen *Cyclamen*
Alpen-Waldrebe *Clematis alpina*
Amstelraute *Thalictrum aquilegifolium*
Anemonen-Waldrebe *Clematis montana*
Apfelbaum *Malus domestica*
Asiatischer Hartriegel *Cornus alba*

Baldrian *Valeriana*
Balkan-Windröschen *Anemone blanda*
Bartfaden *Penstemon*
Bartnelke *Dianthus barbatus*
Baumlupine *Lupinus arboreus*
Baummohn *Romneya coulteri*
Beifuß *Artemisia*
Berberitze *Berberis*
Bergenie *Bergenia*
Binsenginster *Spartium junceum*
Birne *Pyrus calleryana*
Blaue Mauritius *Convolvulus sabatius*, syn. *C. mauritanicus*
Blausternchen *Scilla siberica*
Bleiwurz *Ceratostigma*
Blumenlauch *Allium*
Brandkraut *Phlomis russelliana*
Brombeere *Rubus cockburnianus*

Dahlie *Dahlia*
Dalmatiner Krokus *Crocus tommasianianus*
Diascie *Diascia vigilis*
Dickblatt-Bergenie *Bergenia crassifolia*
Dost *Origanum*
Duftblüte *Osmanthus delavayi*

Edel-Gamander *Teucrium fruticans*
Edeldistel *Eryngium*
Ehrenpreis *Veronica*
Einfassungsbuchsbaum *Buxus suffruticosa*
Eisenhut *Aconitum vulparia*, syn. *A. lycotonum*
Eisenkraut *Verbena*
Engelswurz *Angelica archangelica*
Entenschnabel-Felberich *Lysimachia clethroides*
Eselsdistel *Onopordum acanthium*

Fackellilie *Kniphofia caulescens*
Falscher Jasmin *Philadelphus coronarius* 'Aureus'
Felberich *Lysimachia*

Fenchel *Foeniculum vulgare*
Feuerdorn *Pyracantha*
Fingerhut *Digitalis*
Fingerkraut *Potentilla atrosanguinea*
Flachs *Linum*
Flaumfeder-Filigranfarn *Polystichum setiferum*
Flieder *Syringia*
Frauenmantel *Alchemilla mollis*
Fuchsie *Fuchsia*
Funkie *Hosta fortunei*

Gartenmaiglöckchen *Convallaria majalis*
Gartenringelblume *Calendula officinalis*
Gauklerblume *Mimulus aurantiacus*
Gebirgsweide *Salix hastata* 'Wehrhahnii'
Geißblatt *Lonicera*
Gelbe Binsenlilie *Sisyrinchium striatum*
Gelber Fingerhut *Digitalis lutea*
Gemswurz *Doronicum plantagineum*
Glockenblume *Campanula lactiflora alba*
Goldener Dost *Origanum vulgare aureum*
Goldener Gemeiner Hopfen *Humulus lupulus aureus*
Goldgelber Traubenholunder *Sambucus racemosa* 'Plumosa Aurea'
Goldlack *Cheirantus cheiri*
Goldrute *Solidago*
Großblumiges Schneeglöckchen *Galanthus elwesii*
Grünes Heiligenkraut *Santolina pinnata neapolitana*

Hainblume *Nemophila menziesii*, syn. *N. insignis*
Hartriegel *Cornus*
Hasenohr *Bupleurum fruticosum*
Herbstaster *Aster* x *thompsonii*, *Aster lateriflorus*
Himalaja-Wolfsmilch *Euphorbia griffithii*
Hirschzunge(nfarn) *Phyllitis scolopendrium*, syn. *Asplenium scolopendrium*
Hoher Pfeifenstrauch *Philadelphus coronarius*
Holunder *Sambucus*
Honigstrauch *Melianthus major*
Hornveilchen *Viola cornuta alba*
Hortensie *Hydrangea*

Immergrün *Vinca*
Immergrüne Lorbeerkirsche *Prunus laurocerasus*
Islandmohn *Papaver nudicaule*
Italienische Waldrebe *Clematis viticella*

Jakobsleiter *Polemonium caeruleum*
Japanische Anemone *Anemone hupehensis japonica*

Japanische Aprikose *Prunus mume* 'Omoi-no-mama'
Japanische Zierquitte *Chaenomeles japonica*
Johannisbeere *Ribes*
Judas-Silberblatt, weißbunt *Lunaria annua variegata alba*
Jungfer im Grünen *Nigella damascena*

Kaiserkrone *Fritillaria imperialis*
Kandelaber-Königskerze *Verbascum olympicum*
Kapkörbchen *Osteospermum*, syn. *Dimorphotheca*
Kapuzinerkresse *Tropaeolum majus*
Kartoffelrose *Rosa rugosa*
Katzenminze *Nepeta*
Kaukasus-Gedenkemein *Omphalodes cappadocica*
Kaukasus-Schuppenkopf *Cephalaria gigantea*
Kerzenknöterich *Polygonum amplexicaule*
Kissenprimel *Primula vulgaris*
Knotenblume *Leucojum*
Knöterich *Polygonum*
Königslilie *Lilium regale*
Korea-Schneeball *Viburnum carlesii*
Korsische Nieswurz *Helleborus lividus corsicus*
Kreuzkraut *Senecio*

Lavendel *Lavandula*
Levcoje *Matthiola*
Liguster *Ligustrum lucidum*
Lilienfunkie *Hosta plantaginea*
Lilienschweif *Eremurus*
Löwenmaul *Antirrhinum*
Lupine *Lupinum*

Mädesüß *Filipendula*
Madonnenlilie *Lilium candidum*
Magnolie *Magnolia salicifolia*
Maiglöckchen *Convallaria*
Malve *Malva*
Mandel-Wolfsmilch *Euphorbia amygdaloides robbiae*
Mannstreu *Eryngium*
Mariendistel *Silybum marianum*
Meerkohl *Crambe maritima*
Montbretie *Crocosmia*
Muskatellersalbei *Salvia sclarea*

Nachtkerze *Oenothera tetragona*
Nachtschatten *Solanum*
Nachtviole *Hesperis matronalis*
Narzisse *Narcissus*
Natternkopf *Echium lycopsis*, syn. *E. plantagineum*
Nelke *Dianthus*
Nelkenwurz *Geum*
Nieswurz *Helleborus*

Ochsenzunge *Anchusa capensis*
Ölweide *Elaeagnus* x *ebbingei*
Orangenblume *Choisya ternata*
Orientalische Waldrebe – *Clematis orientalis*

Palmblatt *Helleborus foetidus*
Perlkörbchen, Perlpfötchen *Anaphalis triplinervis*
Persische Steppendistel *Morina longifolia*
Petersilie *Petroselinum crispum*
Pfingstrose *Paeonia*
Pfirsichblättrige Glockenblume *Campanula persicifolia*
Pflaumen-Schwertlilie *Iris graminea*
Portugiesische Malve *Lavatera olbia*
Porzellanblümchen *Saxifraga* x *urbium*
Pracht-Sedum *Sedum spectabile*
Prärielilie *Camassia cusickii*
Präriemalve *Sidalcea*
Primel *Primula*
Purpurglöckchen *Heuchera*
Pyrethrum *Chrysanthemum coccineum*

Rainweide *Ligustrum lucidum*
Raute *Ruta*
Rehders Waldrebe – *Clematis rehderiana*
Riesen-Doldenglockenblume *Capanula lactiflora alba*
Ringelblume *Calendula*
Rittersporn *Delphinium*
Rose *Rosa*
Roseneibisch *Hibiscus syriacus*
Rosenkleid *Rhodochiton*
Rosmarin *Rosmarinus officinalis*
Rotblättrige Weinrebe *Vitis vinifera* 'Purpurea'
Rote Christrose *Helleborus orientalis orientalis*, syn. *H. o. olympicus*
Rote Wildscabiose *Knautia macedonica*
Roter Pippau *Crepis incana*

Säckelblume *Ceanothus*
Salbei *Salvia*
Schafgarbe *Achillea*
Scheinakazie *Robinia pseudoacacia*
Scheinspiere *Filipendula vulgaris*
Schmetterlingsstrauch *Buddleja*
Schmuck-Fenchel *Foeniculum vulgare* 'Purpureum'
Schmuckkörbchen *Cosmos atrosanguineus*
Schneeball *Viburnum tinus*
Schneekissen *Iberis sempervirens*
Schneestolz *Chinodoxa luciliae*
Schöterich *Erysimum*
Schwertlilie *Iris*
Seidelbast *Daphne retusa*
Seifenkraut *Saponaria officinalis*
Sibirische Schwertlilie *Iris sibirica*
Silber-Fingerkraut *Potentilla nepalensis*
Silberblatt *Lunaria annua*
Silbereiche *Senecio maritima*
Silberraute *Artemisia*

Sommerknotenblume *Leucojum aestivum*
Sonnenröschen *Helianthemum*
Spanischer Kerbel *Myrrhis odorata*
Spornblume *Centranthus ruber*
Stacheliger Bärenklau *Acanthus spinosus*
Staudenlein *Linum perenne*
Staudenwicke *Lathyrus latifolius*
Stechpalme *Ilex*
Steppenkerze *Eremurus spectabilis*
Sterndolde *Astrantia major*
Stiefmütterchen *Viola*
Stockrose *Alcea rosea*, syn. *Althea rosea*
Storchschnabel *Geranium*
Strauchveronika *Hebe*
Strohblume *Helichrysum*
Sumpfblume *Limnanthes douglasii*
Süßdolde *Myrrhis odorata*

Tabak *Nicotiana*
Taglilie *Hemerocallis*
Traubenhyazinthe *Muscari*
Tulpe *Tulipa*
Türkenbundlilie *Lilium martagon album*

Veilchen *Viola*
Vergißmeinnicht *Myosotis*
Vexiernelke *Lychnis coronaria alba*
Vorfrühlings-Alpenveilchen *Cyclamen coum album*

Waldrebe *Clematis*
Weicher Schildfarn *Polystichum setiferum*
Weide *Salix*
Weidenröschen *Epilobium glabellum*
Weigelie *Weigela*
Weinraute *Ruta graveolens*
Weiße Akelei *Aquilegia vulgaris alba*
Weißer Fingerhut *Digitalis purpurea alba*
Weißer Germer *Veratrum album*
Wiesenphlox *Phlox maculata*
Wiesenraute *Thalictrum flavum*
Wildkrokus *Crocus etruscus*
Wildtulpe *Tulipa clusiana*, *T. sylvestris*, *T. praestans* u.a.
Winterblühende Johannisbeere *Ribes laurifolium*
Winterjasmin *Jasminum nudiflorum*
Wolfsmilch *Euphorbia*
Wollziest *Stachys byzantina*, syn. *S. olympica*
Wucherblume *Chrysanthemum parthenium*
Wurmfarn *Dryopteris filix-mas*

Zahnlilie *Erythronium dens-canis*
Zierlauch *Allium*
Zistrose *Cistus*
Zwergmandel *Prunus tenella*